Sepp Krassnitzer

Robinson

Widmung

Mein Leben, meine Arbeit und dieses Buch widme ich meiner Familie, meinen Freunden und all jenen, die mich jahrzehntelang in Bewegung hielten.
Als Großvater habe ich nun das Bedürfnis, ein bisschen stolz zu sein!
Ein Danke an all meine Freunde und Fans rund um den Erdball. An meine Lehrer und Professoren, die mich erdulden mussten.
Der größte Dank gebührt meiner Frau Herta, die seit Anbeginn meiner musikalischen Laufbahn die Höhen und Tiefen bis heute mit mir durchlebte!

Den Spruch meines Vaters: „Sei immer nett zu Frauen, es könnten deine Schwestern sein!", habe ich mir eingeprägt. Danke Vater.

JACQUES LEMANS

Eine musikalische Zeitreise
„Rund um die Uhr"

Sepp Krassnitzer

Robinson

Mein Leben ein Waterloo

Mein Leben ein Waterloo

freya

Das Dorf Waterloo liegt südlich der belgischen Hauptstadt Brüssel. Es wurde durch die Völkerschlacht berühmt, die Napoleon Bonaparte herausgefordert hatte. Waterloo bedeutete 1815 für Napoleon das endgültige Aus und brockte ihm die lebenslängliche Verbannung nach St. Helena ein. Heute noch spricht man von einem Waterloo, wenn jemand eine herbe Niederlage erlitten hat.
Für Sepp Krassnitzer alias Robinson war das Leben nicht immer ein Wunschkonzert, dennoch führte es nicht in den Untergang. Als Künstler erfolgreich zu sein, heißt Wagnisse einzugehen, ohne zu wissen, ob sie zum Ziel führen.
Vielleicht spielt Sepp Krassnitzer genau darauf: Mein Leben war ein Kampf. Und zwar vor allem mit der anderen Hälfte des Gesangsduos Waterloo & Robinson. Verbunden mit der schmerzlichen Erfahrung, dass dieser ihm oft den Schwarzen Peter zugeschoben hat. Aber davon lässt sich ein Sepp Krassnitzer alias Robinson nicht unterkriegen.
Vielleicht liefert auch der Song „Waterloo" von ABBA Hinweise. Textauszug: „…ich wurde besiegt, du hast den Krieg gewonnen …" Aber jetzt kommt's: „… ich fühle mich, als würde ich gewinnen, wenn ich verliere." Könnte dem Leben von Sepp Krassnitzer entnommen sein …

ISBN 978-3-99025-009-9

www.freya.at
www.robinson.or.at
Cover Grafik: Wolfgang Fettik
Coverbild: 1978
Grafik/Satz: freya_art
Lektorat: Mag. Walter Lanz
gedruckt in EU/Korotan

Mehr Mensch als Star

Wer den Namen Robinson hört, muss unweigerlich an die Titelfigur des Abenteuerromans von Daniel Defoe denken. Jedem Österreicher kommt aber auch eine Hälfte des in vielerlei Hinsicht ungleichen Schlagerduos Waterloo & Robinson in den Sinn.
Eigentlich wäre der ehemalige Kunststudent Robinson lieber Maler geworden. Der Zufall verschlug ihn auf die einsame Insel des Musikbusiness. Doch ganz allein war er auf diesem Eiland nicht. Wie Robinson Crusoe und Freitag verband Sepp Krassnitzer eine ungewöhnliche Freundschaft mit Waterloo, die sie in den ersten Jahren ihrer Karriere auf die großen Konzertbühnen im In- und Ausland brachte. Gemeinsam haben sie Musikgeschichte geschrieben.
Mit Köpfchen und harter Arbeit bauten sich Waterloo & Robinson in Österreich eine riesige Fangemeinde auf, die ihnen wie die Festung auf der Romaninsel eine neue Heimat bot. Das taten sie so erfolgreich, dass zwischen Boden- und Neusiedlersee kaum jemand ihre Hits wie „Lilis Haus", „Baby Blue" oder „Hollywood" nicht kennt. Doch über die beiden selbst weiß man im Grunde genommen wenig. Bekannt ist, dass sie 1976 beim Eurovision Song Contest mit „My little World" den 5. Platz belegten. Das Privatleben der beiden Stars und die Umstände ihrer Trennung bleiben jedoch verschollen.
Wie das Tagebuch Crusoes entführt „Mein Leben ein Waterloo" die Leser in eine unbekannte Welt, die Robinson mit Humor und viel Phantasie für sich bewohnbar machte, bis sich 1981 die Wege der beiden Schlagerstars trennten. Obwohl sie mehrfach versuchten wieder zusammenzuarbeiten,

gelang die Reunion von Waterloo & Robinson nicht. Zu unterschiedlich sind ihre Charaktere, zu unvereinbar ihre Ansichten.
Sein Überlebensinstinkt ließ Robinson auch allein in der Musikbranche bestehen. Egoismus und vor allem Ellbogenmentalität hatte er dafür aber nicht nötig. Sepp mag es gemütlich, braucht nicht ständig applaudierendes Publikum und Rampenlicht, um das Leben als schön zu empfinden. Leben bedeutet für ihn, bei einem Glas Rotwein im Garten zu sitzen oder ein Bild zu malen. Die Goldenen Schallplatten in seiner Wohnung beweisen seinen Erfolg, aber er könnte auch ohne sie glücklich sein. Denn seine Familie hat ihn immer „aufgefangen" und „gestützt", wenn es mit der Schlagerkarriere manchmal nicht so gut lief.
Noch heute ist Robinson mit derselben Frau verheiratet, die er in seinen Glanzzeiten als Pop-Star geheiratet hat. Dieser Ehe entsprossen zwei Töchter, die ihm mehr Freude bereiten als jeder Schallplattenpreis und sei er aus Platin. Seinen Enkeln ist Sepp ein guter Opa und die Menschen in seiner Umgebung schätzen ihn als warmherzigen und hilfsbereiten Menschen. Das sind Eigenschaften, die man im Showbusiness am wenigsten braucht.
Sepp „Robinson" lebt jeden Tag bewusst, eingedenk der bekannten Tatsache, dass das letzte Hemd keine Taschen hat. Wichtig war und ist es für ihn, in den Spiegel schauen zu können und sich dabei noch immer selbst zu erkennen. Das hat er geschafft und seine viele Fans sind dankbar dafür. Er ist ein wahrer Mensch.

Kurt Guggenbichler

Wäre ich zur Zeit der Französischen Revolution geboren, so wäre mir Waterloo nicht erspart geblieben. Aber um meiner Geschichte einen chronologischen Ablauf zu geben, beginne ich mit meiner Geburt am 15. April 1947, im beschaulichen Straßburg im Kärntner Gurktal.

Als Erstgeborener – später folgten noch drei Brüder – wurde ich von meinem Erzeuger Josef und der mir liebevoll die Brust gebenden Mutter Maria Krassnitzer auf den Namen Josef Heinz getauft. Meine mir nachfolgenden Brüder auf Günther, Horst und Max.

Die ersten Lebensjahre durfte ich in einer der schönsten, aber auch damals schon ruhigsten Gegenden Kärntens verbringen. Auf den Hängen erlernten wir Buben das Schifahren, erlebten die Natur und hatten nur Streiche im Kopf.

Meine Mutter, eine gebürtige Löllingerin, war der Grund, warum mein Vater auf Haus und Hof im Gurktal verzichtete. Wir bezogen im alten Posthaus der Gemeinde Löl-

1. Reihe: dritter von rechts

ling eine Dachgeschoßwohnung. Unter uns lebte das Postfräulein mit den beiden Söhnen Kurt und Otto Retzer. Otto Retzer wurde später mein Schulkamerad und, als er erwachsen war, ein berühmter Regisseur.

Mein Vater leitete den „Konsum". Als wichtiger Bürger seiner Gemeinde wurde er als Bürgermeister vorgeschlagen. Um die Familienpolitik seiner Partei erfolgreich zu präsentieren, durfte ich ihn als Erstgeborener bei einigen seiner Wahltouren begleiten. Um Stimmen zu bekommen, musste er weite Wege zurücklegen. Das war natürlich nicht so einfach, aber die Leute waren großzügig und freigiebig bei der Bewirtung und so erkämpfte er mit meiner kleinen Mithilfe den Sieg.

Außer Speck, Brot und verschiedenen Schnäpsen erhielt er einmal auch eine Geige. Sie war als Dankeschön gedacht und kam vom Dorfpfarrer.

Nach dem Tod meines Großvaters in Straßburg erbte mein Vater etwas Geld und da kam er auf die Idee, auszuwandern.

Meine Mutter, Vater, Bruder Günther, Cousin Fritz und ich

So übersiedelten wir 1957 nach Oberösterreich, genauer gesagt nach Linz an der Donau. In der vom Krieg schwer gezeichneten Stadt begann für mich und meine Brüder Günther und Horst - Max kam etwas später, er ersparte sich die lange Anreise und kam hier zur Welt - ein neues Jahrzehnt. Der Bruder meiner Mutter und mein Cousin Fritz wurden mitgenommen und somit waren wir eine Großfamilie, die auf 50 m² mehr oder weniger reibungslos in der Fremde lebte.
Meine Eltern wurden Geschäftsleute und ich ein mittelmäßiger Pflichtschüler, der immer und überall seine exotische Herkunft ausspielte. War es der Dialekt oder die weite Entfernung? Oder war es nur ich?
Traditionell musste ich in die Fußstapfen meines Vaters treten und begann mit 14 Jahren eine kaufmännische Lehre.

Die Geige

Irgendwo unter den ganzen Sachen, die wir mitschleppten, befand sich auch die Geige. Sie musste die ganze, lange Reise mitmachen, nur um mir einmal das Leben schwer zu machen. Es war die Idee meiner Mutter, mich ein Instrument lernen zu lassen. Aber wir hatten nur die eine Geige. So meldete sie mich zuerst an der Musikschule und später am Konservatorium an.
Während die anderen draußen spielten, musste ich, der die Freiheit genauso liebte, meine Etüden lernen. Aber dann mein erster Auftritt!

Es war kurz nach meinem 13. Geburtstag. Das Jugendorchester des Linzer Bruckner Orchesters, dem ich damals angehörte, veranstaltete im Linzer Rathaus einen Abend der Kultur. Ich wurde von oben bis unten gereinigt und dem Anlass entsprechend neu eingekleidet. Nach Meinung meines Musikprofessors hatte ich Talent und so sollte ich beim Konzert die erste Geige spielen. Wir hatten viel geübt, um nicht zu sagen: Er hat mich gedrillt.
Der Festsaal des Linzer Rathauses war ausverkauft, denn die Eltern der Mitwirkenden nahmen ja schon die Hälfte der Plätze ein und den Rest der Linzer Bürgermeister, die Professoren und Lehrer.

Mit meinem nagelneuen Steireranzug, roter Krawatte und braunen Halbschuhen, die Geige im verblassten Holzkoffer mit einem am Deckel angebrachten Griff, betrat ich die Garderobe unseres Künstlerzimmers.
Schwarz! Alle Musikerkollegen hatten schwarze Anzüge an.

Sie trugen weiße Hemden, hatten schwarze Krawatten umgebunden und dazu schwarze Schuhe!

Ich war wie vom Blitz getroffen. Meine Augen streiften nervös die Anwesenden. Wie sollte ich hier herauskommen? Ich wollte mich gerade umdrehen und so schnell es geht den Raum verlassen, da stand mein Professor hinter mir und begrüßte mich. Ich höre noch heute seine Worte!
„Na, ja! Man kann nicht alles wissen. Aber man wird zumindest über dich reden!"

Mit hochrotem Kopf betrat ich die Bühne. Mit dem Applaus der Besucher wurde für mich mein Steireranzug schwarz. Die Schuhe schwarz. Es ging also doch um Musik! Es wurde ein gelungener Abend und man hat wirklich noch viel darüber geredet.
Durch einen Skiunfall wurde meine Geiger-Karriere im Alter von 15 Jahren plötzlich gestoppt.

Berufung

Der Drang zur kreativen Freiheit wurde mir während meiner Lehrzeit im elterlichen Betrieb immer bewusster. Ich fing an, die Schaufenster zu gestalten, brachte Ideen ein und versuchte sie in unserem Geschäft einzubeziehen.

Mein weißer Kittel hatte bald Farbflecke und aus den Taschen ragten eine Schere und ein Hammer. Am linken Handgelenk hatte ich meistens ein kleines Nadelpolster. Für ein Lebensmittelgeschäft war ich eindeutig nicht der richtige Mann.

Nach der Lehrzeit wechselte ich zum Bedauern meiner Eltern den Beruf und wurde Dekorateur in einem Linzer Großkaufhaus, das bekannt dafür war, die schönsten Schaufenster der Stadt zu haben. Ich war mitten drin und konnte meine Kreativität ausleben.

Endlich konnte ich tun und lassen, was mir Spaß machte. Drei Jahre arbeitete ich in diesem Betrieb und lernte viele Menschen kennen, die zu Freunden wurden.

Da war zum Beispiel ein gewisser Erich, den ich bereits aus meiner Schulzeit kannte, und der auch den gewissen Drang nach Freiheit verspürte. Wir bewegten uns auf derselben Wellenlänge, was Musik, Kunst und auch Sport betraf.

Von der Klassik zum Pop

Fingerübungen, Therapien und viel Selbstinitiative machten es möglich, dass ich nach meinem Schiunfall zwar nicht mehr Berufsgeiger werden konnte, aber zumindest ein zusätzliches Instrument erlernte.

Die Beatles, die Stones und viele andere Pop- und Rock-Größen schwirrten in meinem Kopf herum und wurden zu meinen Vorbildern. Mein Onkel Gundolf, der um einige Jahre älter war als ich, spielte in einer Band und ließ zu Hause seine Gitarre herumliegen. Für mich konnte es nicht besser laufen. Ich lieh sie mir aus, was er eigentlich gar nicht wissen durfte.

Mein Freund Erich bekam zu Weihnachten eine Gitarre geschenkt und so versuchten wir gemeinsam, er mit seiner eigenen und ich mit meiner geliehenen Gitarre, Lieder zu spielen.

Der Anfang war mühselig und die Finger schmerzten. Wir sangen und übten und versuchten, einige Songs unserer Vorbilder so halbwegs hörbar umzusetzen. Es dauerte!

Inzwischen bekam meine Familie eine größere Wohnung. Mein Vater zog sich aus gesundheitlichen Gründen als Geschäftsmann zurück und wurde Beamter. Die Familie schrumpfte, weil mein Onkel mit seiner Gitarre und mein Cousin auszogen.

Dafür kam mein jüngster Bruder Max zur Welt. Gleichzeitig kaufte die Familie den ersten Fernseher - schwarz-weiß - und einen VW.

In unserer neuen Umgebung lebte ein gewisser Rudi, Sohn eines Friseurs, der meine Interessen teilte. Und in Linz gab

es ein Musikgeschäft, das mittellosen Musikern Kredite einräumte.
Bald hatte ich eine neue Gitarre, mit der ich die Aufmerksamkeit des neu gewonnenen Freundes erregte. Rudi, selbst gelernter Friseur, konnte sich bei seinen Eltern durchsetzen und bekam einen Bass. Er liebte es, Bass zu spielen. Und weil er Friseur war, sogar mit familieneigenem Friseurgeschäft, hatten wir immer den neuesten Haarschnitt.

erster Auftritt

Rudi war er ein ausgesprochener Beatles-Fan, besonders Paul McCartney hatte es ihm angetan. So hörte sich auch sein Bass an, ein echter Höfner-Beatles-Bass.
Günther, mein jüngerer Bruder, wurde gezwungen, Schlagzeug zu spielen. Linz hatte damals einen Instrumentenladen, der mittellosen Musikern ein Trixon in Silber mit zwei großen Bass Drums und allem, was dazu gehört, zur Verfü-

gung stellte. Das Schlagzeug wurde sein ganzer Stolz. Erich und ich waren die so genannten Bandleader und mussten uns um das nötige Equipment der neu gegründeten Band kümmern. Dank unseres mittlerweile lieb gewonnenen Geschäftspartners zahlten wir es mit 1.000 Schilling monatlich ab. Der Kredit lief fünf Jahre und wir zahlten einen Zinssatz von 7%.

Das Ro (Rosenstüberl)

Es gab nur einen Platz in Linz, an dem sich junge aufstrebende Künstler orientieren konnten. Das „Ro". Es hatte von Dienstag bis Sonntag volles Programm.
Für uns waren nur jene Tage wichtig, an denen Live-Musik gespielt wurde. Ab Mittwoch ging es los mit „Lamour-Hatschern" und teilweise faden Gruppen, die für uns als eigenwillige Beat-Band überhaupt keine Bedeutung hatten.

Wir waren von Grund auf anders. Das drückten wir auch durch unsere Kleidung aus. Wir trugen Hüfthosen, Hemden mit großen, ausgestellten Krägen, alle in anderen Farben, und Sakkos aus feinem Samt. Wichtig waren die spitzen Schuhe mit etwas erhöhten Absätzen in Rauleder.
Obwohl wir noch keinen Bandnamen und noch keinen einzigen öffentlichen Auftritt hatten, wurden wir in Musikerkreisen als Newcomer akzeptiert.

Ab dem Donnerstag wurden für uns die Tage wichtig. Wir wollten dabei sein. Das Dumme war, dass uns der Eintrittspreis im Wege stand. Mehr als einen Besuch wöchentlich

konnte sich keiner von uns leisten, geschweige denn, ein Mädchen einzuladen!
Immerhin hatten wir als kommende Stars schon ein paar weibliche Fans.

Das Probelokal

Über eine Zeitungsannonce fanden wir, 10 Autobus-Minuten außerhalb der Stadt, eine kleine Holzhütte, die in einem erbärmlichen Zustand war. Die Miete war günstig und Erich und ich waren immerhin Dekorateure.
Die Abfälle aus unseren im Brotberuf ausgestatteten Schaufenstern wurden in dieser Holzhütte einem guten Zweck zugeführt. Rundherum lagen ebenfalls reichlich brauchbare Materialien. Wir richteten uns häuslich ein, und unsere Fans waren auch zufrieden.

Nach monatelangen Proben mit teils selbst geschriebenen Songs präsentierten wir uns in meiner elterlichen Wohnung. Da wir immer noch keinen Namen hatten, nannten wir uns spontan „Atlantis".
Meinen Eltern und ein paar eingeladenen Freunden gefiel unser erster Auftritt sehr gut. Die Lautstärke wurde zwar bemängelt und mit den englischen Texten konnten sie nichts anfangen, aber wichtig war, vor Publikum gespielt zu haben.
Die „Fenders", die Lokalmatadore aus Linz, hatten ihren Auftritt im Rosenstüberl immer an einem Samstag. Zwecks ein bisschen Abschauen waren auch wir häufig anwesend.
Sie spielten den neuesten Hit der Rolling Stones „Little red

Rooster“. Wir sahen uns an und wussten, so wollten wir heißen. „The Roosters“. Aus Erich wurde „Rik“, aus Rudi „Ralf“, aus Günther „Jeff“ und aus mir „Johnny“.

erste Autogrammkarte

In der Deko- und Grafikabteilung, in der wir arbeiteten, hatten wir die Möglichkeit, einige für uns wichtige Informationsmaterialien zu gestalten. Plakate und Autogrammkarten mussten wir einfach haben. Unter unseren Freunden fand sich ein Fotograf mit „fast“ eigenem Studio. Franz, der Fotograf, hatte schon ein eigenes Auto, einen Citroen DS 21, eine Limousine mit viel Platz. So fuhren wir von Auftritt zu Auftritt. Unsere Fans folgten uns mit dem Zug oder per Bus.

Eine Geschichte muss ich unbedingt los werden. Sie handelt von meinem Bruder Günther, besser bekannt unter seinem Künstlernamen „Jeff“. Wenn er sie liest, wird er vielleicht böse auf mich sein, oder er wird darüber lachen und sagen: „Es war a schöne Zeit!“

Der Auftritt

Es geschah während eines Auftrittes in Langschlag bei Freistadt in Oberösterreich. Dies war ein Auftritt, bei dem wir noch mit dem Postbus anreisen und unser Equipment in den hinteren Sitzreihen verstauten mussten. Franz, unser Fotograf, war noch nicht in unserer Mannschaft.
Der Auftrittsort war das Dorfgasthaus mit einem kleinen Festsaal. Es lag etwa 500 m von der Postbus-Station entfernt. Die Bühne am hinteren Ende des Saales war aus Kisten und Brettern zusammengezimmert und ungefähr 10 m^2 groß. Verstaubte Gläser mit vertrockneten Pflanzen standen überall herum.
Um dort hinzugelangen, mussten wir durch den Innenhof, in dem sich ein großer rauchender Misthaufen befand. Dieser verbreitete in der beißenden Kälte einen fast nicht auszuhaltenden Gestank, der sich nebelhaft in Richtung Eingangstüre bewegte. Unser Auftritt war für 20:00 Uhr angekündigt. Um

19:00 Uhr war der 80 Personen fassende Saal brechend voll. Dort, wo normalerweise Hochzeiten und runde Geburtstage gefeiert oder Zehrungen abgehalten wurden, traten wir mit unserer Band auf. Wir hatten einen eigenen Band-Tisch, unmittelbar in der Nähe der Bühne, an dem auch unsere mitgereisten Fans saßen.
Einer der einheimischen Besucher - dieser dürfte die Räumlichkeiten schon seit längerer Zeit nicht verlassen haben - hatte es auf meinen Bruder abgesehen. Mit kaum verständlichen Worten kam er in gewissen Abständen an unserem Tisch vorbei, immer mit zwei gefüllten Schnapsgläsern in der Hand. Er stammelte ein verschlucktes „Prost", das war kurz vor unserem Auftritt.

Entweder war die Anlage zu schwach oder das Publikum zu laut. Wir spielten und spielten und uns kam vor, als hörte überhaupt niemand zu. Wenn da nicht der eine gewesen wäre, der mit den zwei gefüllten Schnapsgläsern in der Hand meinem Bruder ständig zuprostete, wäre der Kontakt zu den Besuchern völlig abgerissen.
Fast eine Stunde war vergangen und langsam kam Bewegung in den Saal. Einige fingen zu tanzen an, andere wieder sangen mit und Günther wurde immer blasser.
Aus Neugierde versuchten wir eine Eigenkomposition. Günther war ganz wild darauf, denn da war er, der Schlagzeuger, gefordert.

„A one, A two, A three ..." - Pause! Günther hörte nichts mehr. Noch einmal! Der ihm immer und immer wieder Zuprostende war die Rettung! Plötzlich war Günther hellwach! Leider nur für zwei Minuten.

Nie wieder Schnaps

Unsere Zimmer lagen im ersten Stock des Wirtshauses. Wir versuchten Günther vorsichtig und behutsam ins Bett zu bringen. Er aber war der Meinung, ein bisschen frische Luft könnte nicht schaden und ging in den Innenhof.

Scheiße! Scheiße! Laute Schreie und immer wieder „Scheiße“.

Ausgestreckt, mit dem Gesicht nach vorne, inmitten des qualmenden und stinkenden Misthaufens lag Günther mit seiner Bühnenkleidung.

Neben unserem Zimmer hatten die Wirtsleute ein Bad, wie es den damaligen Verhältnissen entsprach. Das Wasser? Kalt! Die großen Unterhosen und Hemden der Wirtin hingen zum Trocknen aufgehängt an einer Leine über der Badewanne, in die sich die rostbraunen Ablagerungen des Wassers in die Glasur eingefressen hatten.

Günther fröstelte am ganzen Körper. Ihm war eiskalt. Wir befreiten ihn von seinen stinkenden Kleidern und stellten ihn in die Badewanne.

Seine Stimme zitterte: „Mir ist so kalt ...“

Mit unserer Antwort: „Es wird gleich wärmer ...“, versuchten wir ihn zu beruhigen.

Die beiden Wasserhähne an der ausgebrochenen und mit Schimmelpilz befallenen weinroten Fliesenwand des so genannten Badezimmers, waren zwar mit „kalt“ und „warm“ beschriftet, funktionierten aber nicht. Der Warmwasserboiler war außer Betrieb.

Unter der eiskalten Dusche wurde er gereinigt und mit der an der Wäscheleine trocknenden und durch die Kälte schon etwas steif gewordenen Unterwäsche der Wirtin eingeklei-

det. Seine Zähne klapperten und mit beruhigenden Worten brachten wir ihn ins Bett.
Günther macht heute noch einen großen Bogen um jede Schnapsflasche.

Unser Fotograf

In einem Fotostudio an der Linzer Landstraße arbeitete Franz, unser Fotograf.
Obwohl er überhaupt kein musikalisches Gehör besaß, war er absolut musikbegeistert. Ihm gefielen unser Outfit und unsere Interessen. Durch seine Begabung, Dinge zu sehen und fotografisch umzusetzen, war er für uns junge, aufstrebende, mittellose Künstler ein willkommener Partner. Er gab uns die Möglichkeit, Studiofotos zu machen und in den Räumlichkeiten des Ateliers zu proben.
Unsere Hütte am Stadtrand war immer noch der Treffpunkt für gemeinsame Aktivitäten und so tingelten wir durch die Lande und versuchten unsere Schulden abzuspielen. Franz begleitete uns jahrelang auf unseren musikalischen und künstlerischen Wegen.

Langsam kam etwas Bewegung in unseren Alltag.
Neben Beruf und Wochenendauftritten bekamen wir die

Chance, im Linzer „RO“ vorzuspielen. Es war an einem Freitag. Nicht am 13., sondern am 14. Oktober 1965.
Das war einer der besten Tage der Woche. Wir wunderten uns, denn an diesem Tag spielten sonst immer die „Melodias“ oder eine andere Linzer Kommerz-Band. Egal! Wir mobilisierten unseren Fan-Club, druckten Plakate und machten Werbung, wo es nur ging. Sogar die Linzer Lokalpresse kündigte uns an.
Wegen dieses wichtigen Auftrittes nahmen wir uns von unserer Arbeit etwas früher frei, um unsere Anlagen ordentlich zu platzieren.
Die Gage für diesen Auftritt war uns völlig klar. Ein kleines Bier, Hascheeknödel und eine Semmel. Laut Vertrag betrug die Spieldauer vier Stunden, drei Pausen durften wir machen. Für uns war es das Sprungbrett, endlich jemand zu sein! Denn in diesen heiligen Hallen spielten immerhin schon Größen wie „Cassy Johns“, “The Lords” oder “The Rattles“.

erstes Plakat um die 1965

"The Roosters" im Ro

Aufgeregt und voller Emotionen verfrachteten wir unsere Anlage und unsere Instrumente, teils mit Fan-Autos, teils mit der Straßenbahn, zu unserem Auftrittsort ins Rosenstüberl. Wir hatten uns für diesen Auftritt gründlich vorbereitet und waren deshalb um zwei Stunden zu früh an Ort und Stelle, denn hier spielen zu dürfen, war für uns das Größte.

So standen wir halt vor dem Lokal und die vorbeigehenden Passanten wurden auf uns aufmerksam. Unsere revolutionäre Bekleidung war nicht zu übersehen. Braune Glockenhosen aus Samt, hohe Hakenstiefel, ausgeschlagene Hemdkragen, lange Haare, Beatlesmützen und Lammfell-Jacken, die aber eigentlich aus weißem Kunstpelz bestanden.
Die Leute beobachteten uns.
Wir standen angespannt vor der geschlossenen Tür und machten aus Langeweile ein paar Faxen. Vorübergehende machten manchmal einen Bogen um uns, aber die meisten waren freundlich und versuchten Kontakt aufzunehmen.
„Wer spielt heute?"
„Wir!"
„Wer?"
„Wir! The Roosters!"

Unser vorgetäuschter englischer Akzent irritierte vielleicht ein wenig.
Und so die Frage:„Du nit from hier? I komming ..."
Wir schauten uns an und lachten.

Fredie Mitter – "The Boss"

18:00 Uhr. Ein schwarzer Mercedes 190 hält vor dem „RO".
Fredie Mitter, der Boss, ist ein gestandener Mann, jugendlich zwar, aber mit ernster Miene.
„18:00 Uhr war ausgemacht!"
Kein „Grüß Gott" oder „Wie geht es euch?", nein!
Dafür aber: „Ihr verstellt's ma den ganzen Eingang!"
Die Realität hatte uns eingeholt.

Die Bühne

Aufbau, Hektik, jeder angespannt! Hoffentlich geht alles glatt!
Tonprobe, Sound Check, ... passt!

Die erste Show

Brechend voll, ausverkauft.
„Freitag, der 14. Oktober 1965".
Ein für mich und meine Freunde einschneidendes Erlebnis mit der Gage Hascheeknödel und ein Seidel Bier!
Nach dem Auftritt erhielten wir einen Vertrag für ein halbes

Jahr. Wir spielten jeden Freitag um eine Gage von 30 Schilling in der Stunde für jeden von uns, dazu die obligaten Hascheeknödel mit dem Seidel Bier.

Unsere Fan-Gemeinde wurde immer größer und die Auftritte dehnten sich auf ganz Oberösterreich aus. In Bad Ischl gab es die Jupiter-Bar – „Gasthaus zur Ischler Bahn.“ Da waren wir froh, den Fotografen Franz mit dem eigenen Citroen DS 21 zum Freund zu haben. In seinem Auto hatten wir viel Platz für uns und unsere Instrumente und es sah nobel aus. Nun, die Jupiter Bar war so was wie ein Insider-Treff unter den Einheimischen. Was wir nicht wussten, war die extreme Rivalität zwischen den Ischlern und den Goiserern. Schon die Sitzordnung war eingeteilt. Links die Ischler, rechts die Goiserer.

Sie kamen nicht mit leeren Händen, sondern jeder mit seiner eigenen Bierkiste, die unterm Tisch abgestellt wurde.

Auf die Frage an den Wirt, ob er da nichts dagegen hätte, antwortete dieser:

„Zum Bier trinken alle Schnaps und den dürfen sie nicht selbst mitnehmen. Außerdem sind die Kisten in kürzester Zeit geleert und dann komme ich so oder so auf meine Rechnung.“

Es klang glaubwürdig, aber es lag eine gewisse Spannung in der Luft.

Unser Fan-Tisch direkt neben der Bühne war voll besetzt und Franz versuchte, auf einem Sessel stehend, einige Schnappschüsse von der Bühne zu machen.

Die Stimmung war gut und die Leute tanzten zu unserer Musik, bis eine volle Bierflasche in Richtung unseres Fan-Tisches flog und eine laut brüllende Stimme rief:

„He, Depperta, setz di nieda, sonst reiß i da die Büdlmaschin oba!"
Damit war Franz gemeint. Wir spielten weiter.
Von der anderen Seite rief jetzt jemand:
„Wer sogt des?"
Ein unverständlicher Wortwechsel begann. Von rechts nach links und von links nach rechts. Einige Mädchen, die mit den Burschen gekommen waren, versuchten, die schon leicht Angeheiterten zu beruhigen. Wir spielten gerade die Stones-Nummer „Last Time".
Da trat der Wirt in Aktion.
"Beruhigt's eich, sonst hol i die Schanti!"
Weder die linke noch die rechte Seite nahm die Aufforderung des Wirtes zur Kenntnis. Es war so, als wäre er überhaupt nicht da.
Die Goiserer in gespeckten Lederhosen, mit der Bierflasche in der Hand, kernig und wild gestikulierend, erhoben sich von ihren Plätzen und richteten wilde Schreie an die gegenüberliegende Seite, die ebenfalls aufstehend mit Drohgebärden antwortete.
Wir wollten gerade eine kurze Pause machen.
„Spüts weiter!"
Das kam von links wie auch von rechts.
Wir sagten die letzte Nummer vor der Pause an und wollten gerade einzählen.
Plötzlich flogen Sessel durch die Gegend, Tische wurden umgekippt und im ganzen Tumult konnte man nicht ausmachen, wer auf wen einschlug. Wir nahmen unsere Instrumente und versuchten diese in der Nähe unseres Fan-Tisches in Sicherheit zu bringen.
Da stand plötzlich ein „Schanti" mit einer Trillerpfeife im

Mund in der Tür und versuchte die erhitzten Gemüter zu beruhigen.
Schreie aus der Menge „Wos wüst`n du do?“ kamen von beiden Seiten der streitbaren Parteien. Wir versuchten uns in den Schutz des Schantis zu begeben.

Einer der Goiserer, ein großer mit recht viel Alkohol im Blut, bewegte sich auf den in der Tür stehenden und verzweifelnd trillernden Schanti zu, nahm seinen Arm und drängte den etwas schmächtig wirkenden Sicherheitsbeamten Richtung Ausgang.
Vor der Tür parkte mit laufendem Motor und eingeschaltetem Blaulicht ein VW-Käfer.
Der Goiserer und sein Schanti torkelten mit unverständlichen Sprüchen zum Fahrzeug. Wir standen an der Tür und beobachteten den ganzen Ablauf.
„Schleich di!“, sagte der Goiserer, während er gleichzeitig mit der Faust auf den Kofferraum des Dienstfahrzeuges schlug, bis dieser aus der Verankerung riss und mit einer tiefen Delle in die Höhe schnellte.
Der verdutzte Schanti setzte sich in den Käfer, kurbelte das Fenster herunter und fuhr mit dem Kopf aus dem Fenster sowie eingeschaltetem Blaulicht vom Tatort.
Der Goiserer kam auf uns zu und lallte:
„So Burschen, spüts weida.“
Solche Aktionen haben wir während unserer Ischler Zeit noch viele erlebt.

Die Einberufung

Wir waren gerade so richtig in Schwung, da flatterte der Einberufungsbefehl des österreichischen Bundesheeres ins Haus. Irgendwie musste es ja so kommen, denn nach der Stellung war ich als tauglich und gesund eingestuft worden.
2. Januar, Abfahrt nach St. Pölten. Ich, Josef Krassnitzer, wurde zur Panzergrenadier-Brigade einberufen.
In St. Pölten angekommen, begann der übliche Einteilungsweg. Ich musste nach Mautern bei Krems.
Eine schöne Gegend, leider von der Infrastruktur damals völlig abgeschnitten. So konnte ich während meiner neunmonatigen Dienstzeit nur dreimal nach Hause fahren. Die Verbindung war einfach zu schlecht. Samstagmittag Dienstschluss, Sonntag 17:00 Uhr Eintreffen in der Kaserne. Also unmöglich.

Nach der Grundausbildung gab es für mich die Möglichkeit, in der Schreibstube zu arbeiten. Der Aufruf meines Kompaniechefs: „Wer hat schon mal in einem Büro gearbeitet?"
Das war für mich, der noch nie in einem solchen gearbeitet hatte, der Anstoß, die Hand zu heben. So kam ich in die Schreibstube der Nachschub- und Transportkompanie. Mit der Schreibmaschine richtig umzugehen, war für mich ein langwieriger Prozess und meinem Kanzleivorsitzenden ein zu großer Zeitaufwand, mir immer an der Seite zu stehen.
So kam ich in den Keller unseres Bürotraktes und durfte die dort lagernden Feldstecher zählen.
Bei einer meiner seltenen Heimfahrten nahm ich meine Gitarre mit, um im Keller meine Feldstecher ein bisschen zu unterhalten und etwas zu üben.
Mein Kompaniechef, selbst Musiker, dürfte davon erfahren haben und lud mich zu einem Gespräch in seine Kanzlei. Ich erzählte ihm von unserer Band, zeigte ihm ein paar Fotos unserer Auftritte und wir plauderten über meinen Werdegang in der Musik.
Im Laufe des Gesprächs kam mein Kompaniechef auf die Idee, eine Kasernenband zu gründen. Er selbst habe die Möglichkeit, einen Raum zur Verfügung zu stellen, in dem man ungestört proben könnte.
Als Trompeter und großer Glenn-Miller-Fan würde er sich die Zeit nehmen und mit uns einige Stücke, wie er sagte, einstudieren. Ich wollte den Herrn Leutnant, meinen Kompaniechef, gerade darauf aufmerksam machen, dass es im Moment nur mich gab, da sprang er auf.
„Morgen, bei der Standeskontrolle, machen wir einen Aufruf und suchen unter den Rekruten Musiker."
Tatsächlich meldeten sich einige. Zehn Schlagzeuger, zwan-

zig Harmonikaspieler, ein Bassist, zwei Gitarristen und eine Menge Blasmusiker. Ich wusste nicht, dass mein Zimmerkollege Georg aus Steyr in Oberösterreich Schlagzeuger war und bereits bei renommierten Bands gespielt hatte. Nun waren wir schon zu zweit. Den Leutnant hatten wir noch nicht berücksichtigt.
Den einzigen Bassisten mussten wir nehmen und von den zwei Gitarristen war jeder gleich schlecht. So entschied die Münze.
Bei meiner letzten Heimfahrt nahm ich meinen Vox-Verstärker, mein Mikrofon und einiges Kabelmaterial mit. Der Georg brachte sein Schlagzeug, die beiden anderen waren aus der Nähe und konnten, wenn etwas fehlte, täglich nach Hause.
Neben dem Offizierskasino gab es einen Raum, nicht sehr groß, aber dafür beheizt. Unser Kompaniechef stellte uns diesen für Proben zur Verfügung.
Wir legten einen fixen Probenplan fest. Dreimal in der Woche nach dem Abendessen, Montag, Mittwoch, Freitag. Über die Titel, die wir spielen sollten, waren wir uns von Anfang an nicht einig. Der Gitarrist meinte, wir sollten Schlager spielen, der Bassist war eher auf der volkstümlichen Welle unterwegs. Georg und ich vertraten die rockige Seite und der Herr Leutnant war ein eingefleischter Big-Band-Fan. Das totale Chaos bahnte sich an.
Nichtsdestotrotz nahmen wir unsere Proben ernst und versuchten verschiedene Lieder einzustudieren.
„Rote Lippen soll man küssen“, „D´Oberkrainer san do“ ...
Es kam nie zu einem öffentlichen Auftritt. Der Herr Leutnant, der inzwischen Oberleutnant geworden war, also unser Manager, hatte einfach keine Zeit.

Irgendwie hatte ich es geschafft, dass ich keiner Einheit angehörte. Ich musste nicht um 7:00 Uhr aus dem Bett, brauchte keine Standeskontrolle, ging einfach in meinen Keller und zählte die Feldstecher. Auf eine Ausschreibung des Heeressportvereins, „Spitzenschwimmer für die Österreichischen Heeres-Meisterschaften gesucht", meldete ich mich bei meinem Vorgesetzten. Sportlich war ich fit, also meldete ich mich an.
Mit dem Heeresbus wurden wir nach St. Pölten zum Training gebracht. Ich war eher ein kleinerer unter den ganzen Athleten. Aber sehr ehrgeizig! Wir wurden im Schwimmbad getestet, welche Disziplin uns am besten lag. Ich plädierte auf Brust.
100 Meter Brust: Start!
Ich dürfte die ersten 50 Meter zu schnell geschwommen sein, denn es wurde mir fürchterlich schlecht. Außerdem bin ich zu schnell aus dem Becken gestiegen, sonst hätte ich mich im Wasser übergeben. Mir war so schlecht, ich konnte weder sitzen noch stehen.
Dank unseres Trainers durfte ich an den Meisterschaften aus gesundheitlichen Gründen nicht teilnehmen. Es war eine schöne Woche in St. Pölten. Wieder in der Kaserne, bereiteten wir uns auf unser Abrüsten vor. Nur noch wenige Tage. Obwohl es lang war, war es schön.

Ich war schon einen Monat zu Hause und bereitete mich auf die Aufnahmeprüfung an der Linzer Kunsthochschule vor, an der ich mich im grafischen Studienbereich beworben hatte. Der Briefträger klingelte an unserer Tür und meine Mutter öffnete ihm.
„Ist Ihr Sohn zu Hause?"

„Welcher?“, fragte meine Mutter.
„Josef!“, antwortet der Briefträger.
„Ja! Was gibt es denn?“
„A Einschreibe vom Ministerium!“
Ich hatte alles mitgehört, denn die Türen standen offen. Ich ging zur Eingangstür.
„Vom Ministerium?“
„Eine Unterschrift, bitte!“
Ich unterschrieb, nahm den Brief, und während des Zurückgehens öffnete ich ihn.
Ich konnte das Lachen kaum zurückhalten. Ich hatte längst vergessen, dass ich meine Erkennungsmarke bei einer blöden Spielerei in meinem Zimmer aus dem Fenster geschossen hatte. Zwar suchte ich sie, konnte sie aber nicht mehr finden. Da war sie nun, mit einem Begleitschreiben des Ministeriums.
Auf einem zweiten Stück Papier war ein mit Gold bestrichenes Stück Seil aufgeklebt und darunter stand in großen Lettern: Ihr goldenes Abseile-Seil.
Ich zeigte dies meiner Mutter und sie sagte: „So kenne i di gar net!“ Wir lachten.
Im Begleitschreiben stand:
Sehr geehrter Herr Krassnitzer,
mit Verwunderung mussten wir feststellen, dass Sie unser Areal ohne die Erkennungsmarke des Österreichischen Bundesheeres verlassen konnten! Bei Umstecharbeiten in unseren Grünanlagen wurde ihre Erkennungsmarke in einem stark verrosteten Zustand gefunden.
Wir ersuchen Sie ...

Studienzeit

Als ich 20 Jahre alt war, nannte man die Linzer Ausbildungsstätte für Kunstschaffende „Kunstschule“, später „Kunsthochschule“, dann „Hochschule für künstlerisches und industrielles Design“ und jetzt "Kunstuniversität“. Ich war drinnen. Ich wurde aufgenommen! Ein Glücksgefühl, für das ich hart gearbeitet hatte.

Meine ersten Fußstapfen waren die Grafik, Malerei und dann die Kunstgeschichte. Die Diplomprüfung absolvierte ich 1969 in Kunst- und Literaturgeschichte. In dieser Zeit habe ich viele Jobs angenommen, um mir mein Studium finanzieren zu können. Doch die Musik hat mich in jede Ecke meines Daseins verfolgt.
Mein Professor war ein begnadeter Jazz-Musiker. Mein Studienfreund entpuppte sich als erfolgreicher Songwriter, Bandleader und Musiker. Jack Grunsky spielte und sang bei einer der bekanntesten Folkbands Österreichs, bei den „Jack Angels“. Jack wanderte mit seiner Familie 1975 nach Kanada aus. Gemeinsam mit ihm habe ich viele Songs geschrieben, wie „Paradiese“ oder „Sailor“. Und wir hatten viele gemeinsame Ideen.
In meiner Meisterklasse waren jede Menge Künstler, die sich im Laufe der Zeit beim Film, bei der Malerei und beim Design einen prominenten Namen gemacht hatten.
Die meisten habe ich während meiner Konzertreisen im Ausland wiedergesehen.

Boutique Eclisse

Am Stiegenaufgang, ganz in der Nähe meines Hörsaals, gab es eine Pinwand. Unter den Freizeit-Jobs hing hier eines Tages ein Zettel, den ich mir genauer anschaute.
„Junger Geschäftsmann sucht Mitarbeiter für Werbung, Gestaltung und Dekoration in Linz - Urfahr (Boutique ECLISSE). Interessenten melden sich bei Frau Marianne Kreuzmayr ..."
War es Zufall oder Eingebung? Gedankenlos, mit einem Apfel in der Hand, las ich die Anzeige, klemmte meine Zeichenmappe unter den Arm und ging über die Nibelungenbrücke nach Hause. Den Rest meines Apfels warf ich während meines Dahinschlenderns in die Donau. Mein Blick traf auf ein altes Haus an der gegenüberliegenden Seite.
Ins Grau dieses alten Hauses mischte sich ein grelles Violett, unterbrochen von zwei Auslagen und einer Eingangstür. Da das ganze Haus etwas unter dem Niveau der Brücke lag, konnte man von meiner Sicht aus nur die oberen zwei Drittel sehen.
Auf der Spitze einer Stehleiter stand ein Mann in einem grauen Arbeitsmantel, der sich bemühte, ein Schild anzubringen. „ECLISSE", diesen Namen hatte ich vor fünf Minuten gelesen, mir aber die Telefonnummer nicht aufgeschrieben.
Fragen kostet nichts, dachte ich mir, und

wechselte die Seite. Vom Brückengeländer aus rief ich dem auf der Leiter hantierenden Mann zu.
„Entschuldige! Weißt du, wer hier zuständig ist?"
Er drehte sich mit einer Schraube im Mund um.
„I! Brauchst was?"
Er sah auf meine unterm Arm eingeklemmte Zeichenmappe, nahm die Schraube aus dem Mund und lächelte.
„Aha, du kommst von do drüben! Host unsan Zettel glesn?"
„Ja!"
Wir kamen sofort ins Gespräch. Als gelernter Dekorateur fiel mein Blick auf die noch leer stehenden Schaufenster.
„Ich komme runter", sagte ich und ging bis zum Ende der Brücke und über Stufen in die Gasse bis zum alten Haus, in dem sich die neue Boutique „Eclisse" befand. Ich kannte dieses Haus von früher, es war ein ziemlich zwielichtiges Gasthaus gewesen, das aber schon lange die Pforten geschlossen hatte. Hier gab es nur noch einen alten Besenmacher, der unmittelbar daneben sein Geschäft in Betrieb hatte.
Dieser Platz für einen Laden ist gar nicht so schlecht, dachte ich, denn die Lage ist zentral und in der Nähe des Jahrmarktgeländes, das zweimal im Jahr der Höhepunkt am Linzer Vergnügungs- und Veranstaltungssektor ist. Außerdem gehen an diesen Tagen eine Menge Leute durch die kleine Gasse, um auf das Gelände zu kommen. Sie kommen aus ganz Oberösterreich. Also kein schlechter Platz.
Vor der Boutique angekommen, begrüßte mich ein junger Mann mit gepflegtem Haarschnitt. Wir schüttelten uns die Hände und stellten uns vor.
„Servus, i bin da Hansi Kreuzmayr und bin da Chef do."

„Servus, i bin da Sepp Krassnitzer und hob dein Zettel glesn. Du brauchst wen für deine Auslogn? Hab i gsegn."
„Göd hob i kans, aber du kannst für dei Oabat a paar Fetzen hoben und vielleicht a paar Schilling. Wiest siagst, fang ma jo grod erst on."
Das waren die ersten Worte des Hans Kreuzmayr. Warum nicht, dachte ich mir. Und damit wurde der Grundstein für eine Jahrzehnte dauernde Zusammenarbeit gelegt.

Die Erste Modenschau

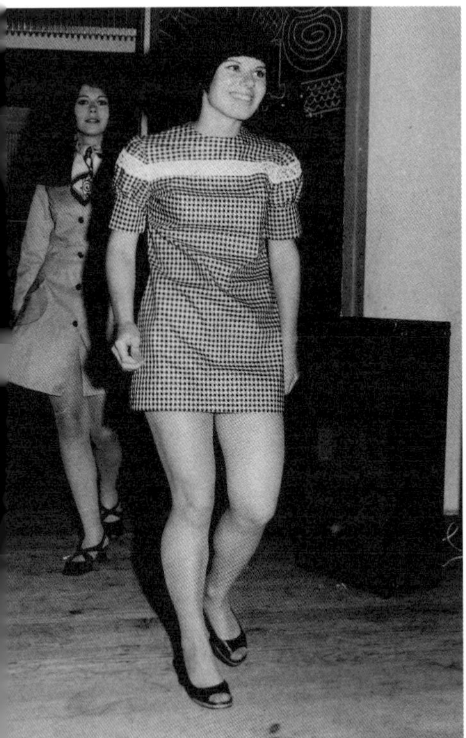
Herta als Model

Es schaut recht vernünftig aus, dachte ich mir und ging nach Hause. Ich erzählte die Geschichte meinen Eltern und sie waren froh, mich nicht dauernd unterstützen zu müssen. Es waren doch einige Jahre der Durststrecke für mich, die ich zu überwinden hatte.
Ich dekorierte, machte mich in der Werbung wichtig und versuchte, gemeinsam mit Hansi, wie er gerufen wurde, unkonventionelle Mode bestmöglich bekannt zu machen. Im Betrieb arbeitete Hansis Schwester Adele mit, eine gelernte Schneiderin. Linz wurde zur damaligen Zeit als Provinzstadt bezeichnet. Wir wollten einen gehörigen Aufstand in Bezug auf Mode kreieren.

Marianne

Sie war seine Gattin. Eine resolute, null Kompromisse eingehende Frau. Hansi hat mir von ihr erzählt, ich hab mir dabei nicht viel gedacht, ich war ja nur Mitarbeiter in einer Boutique, die mir die Möglichkeit gab, mein Abschlussjahr zu finanzieren. Sie war die Geschäftsführerin. Bis zur Eröffnung der Boutique hatte ich mit Marianne Kreuzmayr keinen direkten Kontakt.

Das erste Treffen war, soweit ich mich noch erinnere, so zirka um 7:00 Uhr abends. Ein Riesenauflauf! Beim Einbiegen in die Sackgasse, wo es so gut wie nie Parkplätze gab, kurvte Marianne in die Einfahrt zur Boutique. Ihrer Meinung nach nahm ihr ein Taxler die Vorfahrt und sie wurde, wie sie später meinte, einfach ausgebremst.
Mit Flüchen und wilden Schreien, den Kopf aus dem Fenster streckend, wehrte sie sich gegen die Ungerechtigkeit. Sie gebärdete sich wie eine Furie und als Draufgabe gab es ein Gespucke in Richtung des Taxlers. Hansi und ich standen in ihrer Nähe und versuchten, durch Handzeichen Kontakt aufzunehmen.
„Bitte beruhige dich! Hallo, beruhige dich ...!"
Hansis Flehen hatte wenig Erfolg. Die ausartende Aggression seiner Frau wurde auch nicht mit den Worten „Mausi, Schatz, jetzt reicht`s", eingedämmt.
„Sog dem Trottel, er soll si schleichen!", brüllte sie aus dem Autofenster.
Mit meinen doch eher spärlichen Erfahrungen in punkto Umgang verheirateter Menschen miteinander, war das für mich ein gewisser Schock!

Ich dachte mir: „Die hat die Hosen an."
Nach langem Hin und Her trafen wir uns endlich im Geschäft. Die Lage hatte sich entspannt und sie wirkte zufrieden und siegessicher, als ob es überhaupt kein Problem gegeben hätte. Er hatte sich in den letzten Wochen echt bemüht, Geschäftsbeziehungen aufzubauen, um in der Boutique eine außergewöhnliche Kollektion anbieten zu können.

Sie dürfte mit meinen Aktivitäten in Bezug auf Werbung und Dekoration einverstanden gewesen sein! Das bestätigte mir ihr zufriedener Gesichtsausdruck.
Auch dürfte er ihr von meiner mittlerweile mitarbeitenden Tätigkeit erzählt haben, meinte ich! Aber nicht ganz! Einfach so Leute einzustellen, ohne ihr Wissen, das ging nicht! Ich muss zugeben, dafür kannte ich sie zu wenig, um mir heute noch die Frage zu stellen, ob der Schritt, für die beiden zu arbeiten, richtig war. Immerhin war ich doch nur freier Mitarbeiter.
Auf alle Fälle hatten wir viel Arbeit vor uns, stand doch die erste Modenschau ins Haus. Dazu brauchten wir Mädchen. Hübsche, schlanke, attraktive Mädchen!
Einige kannte Hansi aus seinem Kundenkreis und ich welche aus meinem Freundeskreis. Doch die meisten waren zu schüchtern. Zuerst sagten sie zu und zwei Tage später wieder ab. Damit hatten wir ein Problem, denn die Ennser Stadthalle war von Hansi schon fix gebucht und wir hatten nur noch eine Woche Zeit, die ganzen Vorbereitungen zu treffen.
Buddy, einen Schulkollegen von mir, der später Mitarbeiter von uns wurde, konnte ich überzeugen, bei dieser Modenschau als lebende Werbetrommel mitzumachen. Ich verpasste ihm einen Poncho mit der Aufschrift „Boutique Eclisse" und

er sollte während der Vorführung zwischen den Mädchen und dem Publikum tanzen. Da ich Buddy gut kannte, wusste ich, dass er für jeden Spaß zu haben war.

Hansi hatte inzwischen eine Kollektion und die dazu gehörenden Accessoires zusammengestellt und ich die Plakate und Ankünder. Durch eine Annonce in einer Tageszeitung, die uns werblich ein bisschen unterstützte, hatten wir zwei Tage vor der Veranstaltung auch die richtigen Mädchen.
Nun musste der ganze Ablauf noch besprochen und einstudiert werden. Von den zehn Mädchen, die in die Boutique zur Anprobe und Choreografie kamen, fiel mir eine besonders auf. Sie war zierlich, freundlich und hatte ein besonders nettes Lächeln.

Es war soweit, vor der Boutique wurden die Autos mit den Kleidern und allem was dazugehört beladen. Ich hatte zwar den Führerschein, aber kein eigenes Fahrzeug. Mein Vater borgte mir seinen roten VW-Käfer. Obwohl ich ziemlich beladen war, hatte ich noch Platz für eine Person.
„Wer fährt mit mir?"
Mein Aufruf war hauptsächlich an jene Person gerichtet, die in mir beim ersten Treffen in der Boutique ein Magenkribbeln verursacht hatte. Leider drängte sich eine alte Freundin vor. Die, von der ich mir wünschte, dass sie mit mir gefahren wäre, musste in einem anderen Auto Platz nehmen.
Leichte Enttäuschung machte sich breit.

Stadthalle Enns

Reges Treiben, jeder war nervös.
„Hoffentlich geht alles gut", rief Hansi und hantierte an einem Kleiderständer herum, der, wie es aussah, durch die Schwere der Last in sich zusammenzuklappen drohte.
Vor der Bühne montierte ich ein Transparent und legte die Tischkarten für geladene Gäste auf.
„Wer is das Mädel do hinten?", fragte ich ein vorbeigehendes Mannequin und zeigte Richtung Bühne.
„Welche?"
„Na, die, die mit dem Bubikopf!"
„Ah, das ist die Herta, a Linzerin."
Zumindest hatte ich den Namen, und das war schon was. Ich musste nur noch ein bisschen mehr in ihre Nähe kommen und verlegte meinen Arbeitsbereich in Richtung Garderobe der Mädchen.

Die wilden 70er

„Wenn ihr was brauchts", rief ich den Mädels zu, „dann sagt`s mas!"
Mein Blick in die Runde war jedoch gezielt.
Die Band baute gerade ihre Anlage auf, Hans lief nervös auf der Bühne hin und her und begrüßte jeden, der den Kopf neugierig zur Tür hereinstreckte. Er war wie ein richtiger Geschäftsmann gekleidet. Anzug, weißes Hemd und Krawatte.
In seiner Hektik rief er mir zu: „Sepp, sog eana den Ablauf."
Er meinte die Band.
Seine Schwester Adele drapierte gerade die Kleider an den Models, als plötzlich eine laute Stimme durch den Saal schallte.
„Adele, wo bist`n?"
Es war Ewald, Hansis Schwager und Adeles Ehemann. Mit Ewald kamen auch Ehefrau Marianne, seine Eltern und seine Schwester Heidi. So lernte ich die ganze Familie Kreuzmayr kennen.
Wir hatten noch zwei Stunden Zeit bis zum Einlass, aber schön langsam füllte sich der Saal mit Bekannten und Verwandten. Auch meine Brüder und Freunde kamen. Die Neugierde trieb sie nach Enns in die Stadthalle.
Buddy, unser Werbetrommler, scherzte hinter der Bühne mit den Mädels. Da Hans selbst die Moderation des Abends machen sollte, war seine Nervosität verständlich. Er lief noch immer wie gehetzt hin und her, während ich versuchte, mit der Band den Ablauf des Abends durchzugehen.
Die Tischkarten für geladene Gäste hatte ich umsonst aufgelegt, denn die bereits Anwesenden suchten sich Plätze und schoben die von mir mühevoll mit der Hand geschriebenen Karten zur Seite. Wir hatten jede Menge Einladungen verschickt und hofften, dass alle kommen würden.

19:00 Uhr, Einlass!
Die Band begann zu spielen, langsame instrumentale Nummern. Der Parkplatz vor der Halle füllte sich und um halb acht war der Saal voll. Pressefotografen von regionalen Zeitungen platzierten sich vor der Bühne und die Stimmung im Saal brodelte.

20:00 Uhr, ein Tusch!
Stolz und selbstsicher betrat Hans die Bühne. Applaus! In kurzen Sätzen erzählte er seinen Werdegang vom Tischler zum Geschäftsmann. Er stellte alle vor, auch mich, und begann, die Models mit der zu zeigenden Kollektion aufzurufen. Im Hintergrund spielte die Band einschmeichelnde Musik.
Buddy tanzte wie ausgemacht zwischen den Models und mir fiel ein Stein vom Herzen. Um 21:00 Uhr war die Modenschau zu Ende und die Band spielte zum Tanz auf.

Wir hatten viel Arbeit, mussten wir doch wieder abräumen und alles ordentlich verstauen. Mein Blick traf von der Bühne aus während des Abräumens auf Herta, die mit Erich, meinem Freund und Musikerkollegen aus Roosters Zeiten tanzte. Obwohl ich sie erst kurz kannte, verspürte ich eine komische Eifersucht. Ich wunderte mich über mich selbst, denn früher hatte ich noch nie so ein Gefühl gehabt!

Und da ging ich auf sie zu.
Wir haben nicht viel geredet, uns nur angeschaut und dennoch alles gesagt.

"Edward Brothers"

Tags darauf klapperten wir sämtliche Zeitungskioske und Trafiken ab, um Berichte über die Veranstaltung zu sammeln. Wir wurden bald fündig und fanden fast in jedem Blatt nur positive Kritiken.
Die meiste Arbeit war das Einräumen der Kleider und Accessoires in die Boutique. Aber wir hatten ja genug Helfer, die sich anboten. Auch meine neue Freundin half fleißig mit.
Adele war am meisten gefordert, denn sie musste die teilweise zerknitterten und beschmutzten Kleidungsstücke wieder in Schuss bringen. Durch diese Aktion wurde der Name der Boutique in der ganzen Umgebung ein Begriff.
Die Kleider und Hosen wurden immer bunter und ausgefallener, auch meine Schaufenster. Ein Hauch von Carnaby Street machte sich in der von eher provinziellen Einwohnern bevölkerten Stadt bemerkbar.
Mariannes Blick wurde von Tag zu Tag misstrauischer, denn plötzlich meldeten sich immer mehr Freunde oder solche, die es werden wollten. Hans knüpfte Kontakte, wo es nur ging.

Meine Diplomprüfung in Kunst- und Literaturgeschichte hatte ich mit Erfolg abgelegt und nun auch ein bisschen mehr Zeit, mich meinem Umfeld zu widmen.
Herta und ich schmiedeten Pläne und unterstützten uns gegenseitig. Wir zogen von zu Hause aus und mieteten uns ein kleines Haus in Oberbairing, 800 Meter über Linz.
Es war eine kleine Wohngemeinschaft, zusammen mit zwei Studenten im Erdgeschoß, die wir aber kaum zu Gesicht bekamen. Wenn wir uns trafen, gab es meistens einen Fasan

in der Lehrwerkstätte Keramik

mit Blaukraut, den einer der beiden mitbrachte und zubereitete. Unsere Wohngemeinschaft bereicherte ein Hase mit eigenem Zimmer und eine Katze.
Ich arbeitete als Grafiker bei verschiedenen Agenturen und Messen, aber auch in der Boutique. Zu Hause, in Oberbairing, konnte ich mich meiner Musik widmen und meine Kreativität so richtig ausleben.

Meine alten Verstärker und Mikrofone hatte ich im Wohnzimmer aufgebaut und konnte üben und spielen nach Lust und Laune. Wenn nicht gerade Freunde aus der Stadt auf Besuch kamen, um den schönen Ausblick, den Kaffee und Hertas selbst gemachten Kuchen zu genießen, übte ich.
Irgendwie schwebte mir der Gedanke im Kopf herum, wieder eine Band zu gründen und wieder auf einer Bühne zu stehen. Ich fragte Herta, was sie von dieser Idee hielt.
„Na, mit wem?"
„I was net! Mitn Hans geht's net, der derf net!"
„Frag halt amoi!"
„D`Marianne haut mi sicher hochkantig außi, wann`s des erfährt."
„Guat, dass mir zwa net verheirat san, wei für sie wär des a Scheidungsgrund, hats amoi g`sagt!"
„Ah, deswegen hat er sei Zeug verkauft! A bissl was hat er oba schon no! Und die Fenster g`hörn eh wider amoi gmacht!"

Es war Gedankenübertragung. Am nächsten Tag rief Hans mich an.
„Servas Sepp! I wollt di nur fragen, wann`st ma die Fenster wieder dekorierst?"
„Genau des hab i eh vorghabt! Wie schauts mit morgen aus?"
„Passt, bin sowieso im G`schäft."
„A Frage hätt i no! Machts da was aus, wann i mein klan Verstärker mit nimm? I wü da was vorspün." „Ja, dann nimm i a mein Bass mit, im Keller wird a eh net besser! Und hinten, bei da Adele, hama eh genug Platz."
„Also bis morgen!"

Mit dem Verstärker im Kofferraum meines Opel Rekord, Baujahr 1954, in Decken eingehüllt, mit der Gitarre und etwas Kabelmaterial traf ich um die Mittagszeit in der Boutique ein.

Hans erwartete mich am Eingang und lud mich zu einer kleinen Jause im gegenüberliegenden Lebensmittelgeschäft ein. Heute steht an diesem Platz das neue Linzer Rathaus.
Am Stehpult lehnend, mit einer Leberkässemmel und bei einem Seidel Bier plauderten und scherzten wir. Und ich machte mir Gedanken über die Gestaltung der beiden nicht gerade großen Schaufenster. Er erzählte mir von seinen Bekanntschaften und was wir noch so alles machen könnten. Da gab es einen Dieter aus St. Valentin, Bühnenbildner und Designer mit neuen Ideen für eine Verkaufsausstellung in Linz.
„Da mach doch mit", sagte ich. Er nickte, war sich aber nicht ganz sicher.

„I hab do an Fotografen, es is a alter Freund, der macht sicher mit."
Franz, mein langjähriger Freund aus alten Roosters-Zeiten war damit gemeint. Ich parkte meinen Opel direkt vor der Boutique, um die Dekorations-Utensilien auszuladen. Es war Anfang Mai, also Zeit für eine Frühlingsdekoration. Einiges an Material hatte ich mir zusammengesucht, um wieder einmal eine etwas ausgefallene Schaufenstergestaltung zu kreieren.
Neben einer alten Baumwurzel, die ich am Weg gefunden hatte, und Plastikblumen aus alten Beständen, lagen auch mein in Decken eingehüllter Verstärker und die Gitarre.
Ich schleppte alles in den hinteren Bereich der Boutique, also in die Schneiderei und bemerkte sofort den in der hintersten Ecke abgestellten Bass neben einem kleinen Verstärker, der an der Wand lehnte. Dabei waren noch einige Kabel und ein altes Shure-Mikro.
Hans plauderte mit einigen Kunden und warf hin und wieder einen Blick zu mir. Er wollte damit andeuten, dass auch er sein im Keller gelagertes Equipment bereits deponiert hatte. So stellte ich meine Sachen neben die seinen und machte mich daran, die Schaufenster auszuräumen.
Inzwischen stellte mir Inge, die seit kurzem im Geschäft als Verkäuferin arbeitete, eine ausgesuchte Kollektion an Kleidern und Accessoires zusammen. Ich kannte Inge schon aus unserer Jugendzeit und unser Bassist und Friseur Rudi wurde später ihr Ehemann. Während des Aus- und Einräumens der Schaufenster erzählte Hans von seinem gehetzten Tagesablauf, und wen er an diesem Tag nicht alles kennen gelernt hatte. Ich war so beschäftigt mit meiner Arbeit, dass ich nur die Hälfte seiner Erzählungen mitbekam. Doch als er

von einem Berliner Moderator, der gerade in Linz eine Show produzierte, zu reden anfing, wurde ich hellhörig.
„Waßt Sepp, des is ganz a Gwiffter! Er hat bei mir für seine Auftritte a paar lässige Fetzen gekauft und so san ma halt ins Redn kumman. Er hat ghört, dass ma a Musiker san und hätt gmeint, dass er die Möglichkeit hätte, uns zwa bei der Baderöffnung in Kremsmünster Anfang Juni auftreten zu lassen."
Da wurde mir einiges klar!
„Aber wie bringen wir es der Marianne bei? Und - wir ham no ka anziges Mal geprobt. Wie soll des gehn?"
Ich machte meine Fenster fertig und hörte plötzlich aus dem Hintergrund das Stimmen einer Bassgitarre. Ich zwängte mich aus dem engen Schaufenster und betrachtete mein Werk, aber irgendwie zog es mich zu diesem Töne suchenden Geräusch hin.

„Hast du des ernst gmeint mit dem Auftritt?", fragte ich ihn.
Er legte seinen Bass zur Seite und schaute mich an.
„So a Chance ham ma nie wieder", meinte er.
„Aber wir ham do net amoi a Nummer? Wie stellst da denn du des vor?"
„Kommst morgen zu mir und wir horch`n uns a paar alte Hits durch ... na, des geht net! Die Marianne derf ja nix dovon erfahren! I nimm mein Kassettenrekorder mit, dann mach ma des halt da."
„Ja, des passt", antwortete ich.
Aber mir war noch immer nicht bewusst, wie wir das in so kurzer Zeit schaffen sollten. Inzwischen wurde es Abend, Inge verabschiedete sich und wünschte uns eine gute Nacht.

Ich legte mein Werkzeug zur Seite, brachte meinen Vox-Verstärker in Schwung und klimperte ein paar Akkorde auf meiner Gitarre. Hansi brachte Inge zur Tür, schloss ab und ging schnurstracks auf seinen Bass zu.
„Mach ma anfach!"
„Why not", antwortete ich und begann darauf los zu spielen. Hansi setzte ein und wir fingen an zu improvisieren. Es klang alles undefiniert und laut. Aber es hatte einen gewissen Biss.

Da wir keinen Gesangsverstärker hatten, schlossen wir unsere Mikrofone am Verstärker an. Die Mikrofone klebten wir an der Stehleiter fest und gröllten unverständliche Textphrasen hinein.
Es war unser erstes Zusammenspiel.
In einer kurzen, künstlerischen Pause klingelte das Telefon.
„Nicht für mich! Für dich!"
Er hob ab und stotterte einige entschuldigende Worte.
„Waßt Mausi, mir ham die Auslagn neu gmacht und

„HEYA"

du waßt eh, was des für a Arbat is, aber mir san grad fertig wordn ... Ja, i komm eh glei, i tua no a bissl zammräuman. Bussi Mausi!" Und zu mir: „Die Marianne wars, sie wollt nur wissen, wann i ham komm."
Er stammelte halblaut und ich konnte mir ein leichtes Grinsen nicht verkneifen. Wir hatten tatsächlich die Zeit übersehen. Es war schon 22:00 Uhr.

„Ok, mach ma Schluss, morgen is a no a Tag. Des Zeug lass i glei stehn ... vergiss den Kassettinger net", rief ich ihm noch zu und verabschiedete mich.
Bei der Heimfahrt schossen mir tausend Gedanken durch den Kopf. Gleichzeitig sah ich mich singend und spielend vor einem großen Publikum. Herta wartete bei meinen Eltern auf mich und auch ich suchte insgeheim nach einer Entschuldigung. In der elterlichen Wohnung gab es die übliche Begrüßung.
„Wo warst denn, hast an Hunger?", fragte meine Mutter.
Herta sagte: „Nachdem die Gitarre und der Verstärker weg warn, hab i schon gwußt, wo du bist ... und wie is glaufn?"
„Na ja, fürs Erste amoi kennen lernen. Und übrigens, die Auslagen san a super gworden!"
„Fahr ma?"
„Ja!"
Ich hatte nebenbei noch andere Jobs als Grafiker und Dekorateur. In meiner Aufregung vergaß ich ihm zu sagen, dass ich für zwei Tage nach Wien musste, um eine Weinmesse zu gestalten.
Von diesem Zeitpunkt an war es wie ein Muss und drängte mich immer mehr, mich nicht mehr nur als Amateur und aus Zeitvertreib mit Musik zu beschäftigen.

in der Meisterklasse für Grafik und Design

Ich suchte meine Arbeiten aus der Studienzeit, begann die Zeichnungen und Bilder gedanklich zu überarbeiten, suchte meine alten Freunde und Weggefährten auf und kam zu dem Entschluss: Ab jetzt werde ich Profi!

Hansis Kontakte haben mir in dieser Zeit viel geholfen. Er hatte ganz einfach den dackelhaften Durchblick: „Habt mich alle lieb, ich bin euer Freund!" Es war auch ein beachtlicher, wenn auch nicht immer notwendiger Kunden- und Freundeskreis vorhanden. Wir gestalteten gemeinsam mit dem Bühnenbildner Dieter und Franz, unserem Fotografen, eine für Linz einzigartige Ausstellung und entwarfen und bauten für einen ansässigen Modezaren eine Boutique am Linzer Hauptplatz.
Vater Kreuzmayr, eine Kraftquelle an Energie, schuftete unermüdlich an unseren Projekten mit. Meine und Hertas Eltern,

verzweifelnd an meinem Ungestüm, haben mich in dieser Zeit immer aus irgend einer brenzligen Situation gerettet. Es war einfach ein Familienbetrieb! Jeder half jedem.

Herta war noch in der Lehrzeit als Kosmetik- und Fußpflegerin. Ich studierte in der Grafischen. Wir trafen uns fast täglich, und unsere Gemeinsamkeit kannte keine Grenzen. Da erzählte sie mir eines Tages, dass sie gerne die Lehre als Goldschmied gemacht hätte, aber es war damals kein Lehrplatz frei. Und so war dies die Alternative. Das brachte mich auf die Idee, sie nach der Lehrabschlußprüfung in unserer Schule unterzubringen. Sie bewarb sich im Fach Keramik und wurde aufgenommen. Einige ihrer keramischen Arbeiten haben wir zu Hause und im Garten.

Es war schon spät, als ich aus Wien kommend an der Boutique vorbeifuhr. Es brannte noch Licht. Trotz Hungers und Müdigkeit machte ich noch einen kleinen Abstecher in diese Richtung. Sein Badewandl, so nannten wir seinen alten Ford Cortina, stand vor der Eingangstür. Ich klopfte einige Male und hörte aus dem hinteren Bereich der Schneiderei Musik. Da niemand aufmachte, klopfte ich etwas heftiger.
Er kam zur Tür, sperrte auf und guckte mich verdutzt an.
„Bist eh schon wieder da?“
„Du bist ja ah no da.“
„Komm eina, i muaß da was vorspün.“
„Wart no, i hol ma vom Würstlstand a Buren.“
„Nimm ma a ane mit, oba a scharfe mit an scharfen Senf und zwa scharfe Pfefferoni, i zahl das dann.“
„Sperr net zua, i komm glei wieder!“
„Eh klar“, erwiderte er und verschwand im hinteren Bereich.

Links und rechts einen Pappteller in der Hand stand ich vor einer zugesperrten Eingangstüre. Die heiße Wurst machte sich schön langsam auf meiner Handfläche bemerkbar und so klopfte ich mit dem Fuß gegen die Türe. Einmal, zweimal, dann fester, aber er machte nicht auf. Inzwischen kühlten sich meine Handflächen auch schon wieder ab. Dann kam er, den Gürtel zumachend und mit einem zufriedenen Lächeln im Gesicht zur Tür und sperrte auf.
„I hab schon so dringend müssen, drum hab i zugesperrt."
„Da, zwei lauwarme Burenwürst", antwortete ich und überreichte ihm den schon völlig vom Peperonisaft aufgeweichten Pappteller.
„Übrigens, was machst denn du heute noch im Gschäft?", fragte ich und biss genüsslich in meine Wurst.
„I muss auf die Marianne warten, sie bringt mir a neue Kollektion! A super Gewand, da wirst nur so schaun. Aus England! Büffelleder-Hosen und hautenge Hemden für Herren in alle Farben."
„Wolltest du mir nicht etwas vorspieln?"
„Ja! Ich hab mir von daheim a paar alte Hadern mitgnommen, die könnt ma a bissl auf uns umbaun." Er drückte die Starttaste seines übergroßen Kassettenrekorders und spielte mir Lieder aus seiner Bandzeit mit den Melodias vor. So richtige Schnulzen, die leider nicht meinen Geschmack trafen.

„Wir brauchen da a bissl was anderes", warf ich ein, ohne ihn beleidigen zu wollen.
„Was meinst denn?", fragend schaute er mich an.
„I denk an eine ähnliche Musik wie Simon und Garfunkel. Das passert zu uns ... ein zweistimmiger G`sang und gut gspielte Gitarren. I glaub, da könnt ma was reißen!"

In den nächste Tagen stapelten sich die Kassetten und wir suchten, bis wir auf einen Titel von G. G. Ligth stießen. „Heya"! Mit Gitarre und Bass und einem leicht geänderten Arrangement könnte daraus etwas werden. Wir einigten uns darauf, diesen Titel zu lernen.

Nun ging es los und fast täglich trafen wir uns nach Geschäftsschluss in der Boutique. Zuerst wurde herumimprovisiert und geblödelt, aber dann ging es zur Sache. Zu Hause übte ich die Akkorde und die Schlagtechnik ein, auch den Text, denn viel Zeit hatten wir nicht mehr.

Meine Nebenjobs wurden im Moment immer weniger und somit auch mein Einkommen. Aber ich hatte mir vorgenommen, Profi zu werden. Und so fing ich an, Lieder und Texte für uns beide zu schreiben.

Das ewige Nachsingen hing mir zum Hals heraus und wie schon bei meiner früheren Band, den Roosters, hatte ich verschiedene Songs umarrangiert und damit einen eigenwilligen Stil kreiert. Hansis Gesang fügte sich gut in meine neuen Songs ein. Aber wir waren erst am Anfang.

Unser erster Verstärker

Mit den uns zur Verfügung stehenden Geräten konnten wir nur so recht und schlecht etwas Hörbares anbieten und es verdarb uns auch ein bisschen die Lust. Wir überlegten, uns einen günstigen Gesangsverstärker und zwei kleine Boxen anzuschaffen. Aber es gab da ein großes Problem. Seine Frau durfte es nicht erfahren und ich hatte kein Geld.

„Wenn man das auf Raten kauft und langsam abstottert, dann kann es ja nicht so schwer sein", meinte Hans.

Mit Ratenzahlungen hatte ich meine Erfahrungen! Schon bei meiner ersten Band, den Atlantis, und dann bei den Roosters. Du wirst nie damit fertig und immer brauchst du einen Bürgen.

„Frag deinen Vater!"

Wie vom Blitz getroffen zuckte ich zusammen. Genau auf diese Frage hatte ich gewartet. Er hatte schon zwei Mal für mich gebürgt.

„Ich glaub nicht, dass er es ein drittes Mal tut", antwortete ich.

„Aber jetzt schaut die Sache a bissl anders aus", meinte er und holte aus einem Plastiksack einige Prospekte heraus.

„Schau, das ist ein Binson-Verstärker, der hat alles drin, sogar a Echo und einen Haufen Regler ... mit zwei Boxen und den ganzen Kabeln, kommt uns das auf 15.000 Schilling ... dividiert durch zwei, auf ein Jahr sind das für jeden 7.000 ... das müsst ma doch schaffen?"

Einerseits reizte mich sein Vorschlag, andererseits drückte mich das Gewissen. Wie bring ich das meinem Vater bei?

„Sag ihm, wir kriegen in Kremsmünster 500 Schilling und wenn alles gut geht, werden wir sicher noch öfter miteinan-

der spieln ... das ist a riesengroße Veranstaltung, hat der Berliner gesagt ...". Er murmelte dies noch so vor sich hin.
„Drück mir die Daumen", rief ich ihm zu. Ich verabschiedete mich mit einem militärischen Salut und ging mit dem Vorschlag zu meinem Vater. Ich erklärte ihm die Notwendigkeit einer neuen Anlage genauso plausibel, wie ich es gehört hatte. Ich wunderte mich selbst über meine Überzeugungskraft, die ich an den Tag legte. Nach einer zweistündigen Diskussion willigte er schließlich ein.

Erleichtert rief ich Hans an, um ihm mitzuteilen, dass wir uns treffen könnten, um die Verstärker zu kaufen. Im Hintergrund hörte ich Mariannes Stimme, die ihn fragte, wer denn da anriefe.
„Mit wem hast da denn etwas ausgmacht? Mit wem telefonierst du?", fragte sie.
„Mit dem Sepp. Ich treff mich morgen mit ihm." Ich legte den Hörer auf, weil ich das Zwiegespräch mit seiner Frau nicht stören wollte, wusste aber, in welchem Musikhaus wir uns treffen wollten.

Am nächsten Tag fuhr ich mit der Straßenbahn zu unserem Treffpunkt. Kurz vor 14:00 Uhr kam ich vor dem Linzer Musikhaus Heidegger an der Mozartkreuzung an und wartete vorm Geschäft auf meinen neuen Partner. Neugierig ging vor den Auslagen auf und ab und betrachtete die ausgestellten Instrumente und Verstärker. Da es ein bisschen windig war, ging ich hinein und sah im hinteren Teil des Geschäftes Hans, der sich aufgeregt mit der Besitzerin des Musikhauses unterhielt. Er war so ins Gespräch vertieft, dass er mein Kommen nicht einmal bemerkte. Erst als ich ihm auf die Schulter

klopfte und fragte, seit wann er hier wäre, drehte er den Kopf und schaute mich überrascht an.
„Seit einer halben Stunde ungefähr! Ich hab in der Gegend was zu tun gehabt!“
Es hätte keinen Sinn ergeben, ihm zu erklären, dass ich vor dem Geschäft auf ihn gewartet hatte.

Ich begrüßte die Chefin des Hauses, die, wie immer leicht angeheitert, Zigarette rauchend die Verkaufsgespräche führte. Sie dürfte meine früheren Zahlungsprobleme vergessen haben, denn sie umarmte mich und begrüßte mich äußerst freundlich. Die bereits in die Jahre gekommene Besitzerin hauchte mir ihren Rauch- und Whisky-Atem mitten ins Gesicht und sagte: „Ich helfe euch Burschen. Das, was Hans mir erzählt hat, klingt ja sehr vielversprechend.“
Ich stupste ihn an: „Ich weiß nicht, was du ihr erzählt hast, aber hast eh gesagt auf Raten?“
„Nein, noch nicht, aber das kommt schon noch“, und wendete sich wieder ihr zu.
Ich stupste ihn nochmals, diesmal etwas fester und sagte: „Auf Raten!“
Ich kenne das Gefühl. Da stehst du im Geschäft, rundherum nur das Beste, und plötzlich ist das Beste nicht mehr gut genug. Wir kannten nicht einmal ihren richtigen Namen, denn jeder kaufte bei der Heideggerin.

Das Musikhaus

Georg Heidegger lebte von 1815 bis 1859 und war ein renommierter Geigen- und Instrumentenbauer aus Passau.

Seine Söhne Eduard und Albert errichteten in Linz einen Betrieb für Saiteninstrumente und Seitenherstellung. Ich selbst habe noch eine Heidegger-Geige, mit der ich mich über Jahre durch Etüden gequält habe, zu Hause.
Und jetzt: Ein Fachgeschäft für Musiker, die sich für Pop und Rock interessieren. Wie wir!

Ihr Vertrauen zu uns wuchs von Sekunde zu Sekunde, denn wir waren ja keine Unbekannten in der Szene und sie kannte uns aus den Rosenstüberl-Zeiten und den Aktivitäten rund um die Boutique. Aber das Wichtigste für mich war, ich brauchte keinen Bürgen!
Nachdem wir fast vier Stunden im Musikhaus verbracht und unsere Raten-Vereinbarung ordnungsgemäß unterzeichnet hatten, konnten wir beruhigt unser neu erworbenes Equipment ins Auto verladen. Es war schon nach sechs am Abend, als wir vor der Boutique vorfuhren.
Adele, Hansis Schwester, erwartete uns gestikulierend und verzweifelt am Eingang. Wir parkten, sie riss die Fahrertür auf und versuchte ihrem Bruder etwas zu sagen.
Sie stammelte aufgeregt, als ginge ihr die Luft aus, etwas von einem Herrn, der seit Stunden gewartet hätte. Hans war aufgeregt: „Adele, was hast denn? Was war denn?“
„Bin ich froh, dass du da bist! I hab nimmer gewusst, was ich sagen soll!“ Noch immer schnaufte sie, aber schön langsam beruhigte sie sich und ihr Atmen wurde langsamer.
Ich begann inzwischen mit dem Ausladen unserer neu erworbenen Anlage samt Zubehör. Während ich die Boxen durch die enge Eingangstür schleppte, hörte ich aus dem hinteren Raum die warnende Stimme: „Pass auf ... eck nirgends an ...“. Als wenn ich das nicht selber wüsste.

„Bleib da, Sepp", rief Adele. „Ich muss mit euch reden!"
„Was gibts denn?", fragte ich vorsichtshalber. Beide standen wir vor ihr, als würden wir unser Urteil erwarten.
„Seit drei Stunden hab ich versucht, euch zu erreichen! Aber die Frau Willburger hat gesagt, dass sie keinen von euch gsehen hat."
„Wie kommst du auf Willburger?", fragte ich verwundert. Dies war ebenfalls ein Musikhaus, bei dem ich Kunde war.
„Er", sie zeigte auf ihren Bruder, „er hat mir die Telefonnummer gegeben!"
„Entschuldige Schwesterherz, das war mein Fehler, aber in der Hektik ... weißt eh ...!"
„Ja, und deine Frau hat schon die Polizei verständigt, weil sie glaubt, es ist etwas passiert ... und da war einer da, mit dem hast da du an Termin ausgemacht, der hat zwei Stunden gewartet! Es war so ein Dürrer, mit einem ausländischen Akzent. Er hat die ganze Zeit auf mich eingeredet, ich hab aber nur die Hälfte verstanden ... Er hat irgendwas g`sagt von einem Programmablauf Anfang Juni und wegen einem Vertrag, den er braucht ... zwei Hemden hat er gekauft ..."
„Hast ihm Prozente geben?"
„Nein, ich hab ihn ja nicht gekannt", antwortete sie verwundert.
„Ich ruf eh morgen an", sagte er zu ihr und fragte mich, ob noch etwas im Auto sei.
„Nein, alles ausgeräumt", sagte ich.
„Es kommt mir so wenig vor, für 20.000 Schilling", lächelte er mich an.
„Mit den Mikrofonständern und einigen Kleinigkeiten kann`s schon stimmen", gab ich zurück.
Adele, die unsere Konversation anhörte, wirkte verwundert.

„Weiß die Marianne, was ihr da vorhabt?"
„Sag ihr ja nichts! Sie wird es noch rechtzeitig erfahr`n", antwortete er.

„Ich fahr jetzt", sagte ich und packte meine Gitarre ein. „Es ist schon spät!"
„Ja eh", antwortet er, „ich muss auch heim und morgen bauen wir das Ganze zusammen ... oder ... gehn wir noch auf a Würstl? Ja? ... Gute Nacht Adele ..."
Irgendwie wollte keiner von uns beiden so richtig heim. Der Tag, den wir hinter uns hatten, war nicht so ohne. Am gegenüberliegenden Würstelstand krönten wir ihn mit einer scharfen „Scharf" und zwei Bier. Mittlerweile gesellten sich noch andere Gäste zu uns, um an unserem Gespräch teilzu-

nehmen. Um zwei Uhr morgens war Sperrstunde und keiner wollte die Runde verlassen.
Da stand plötzlich Marianne zwischen uns und sagte: „Ich bring euch heim!"
„Nein, Mausi, brauchst net, ich kann eh noch fahren." Sie hängte ihren Arm bei ihm ein und dirigierte ihn, ohne irgendetwas zu sagen, zu ihrem Auto.
„Und ich? Was ist mit mir?"
Ich schaute sie fragend an.
„Dich bring ich auch noch heim."
„Danke!", sagte ich mit etwas verhaltener Stimme. Gott sei Dank waren wir nicht mehr in die Boutique gegangen, um unser Equipment zusammenzubauen.
Beim Auto angelangt, fiel es ihm plötzlich ein: „Hab ich das Licht eh ausgeschaltet?"
„Ja, es ist alles finster!" Ihre Stimme wurde etwas forscher.
„Und der Ofen?"
„Es ist Frühling! Gib Ruhe und steig ein", beruhigte sie ihn.
Da drehte sie sich zum mir und sagte: „Die Auslagen gefallen mir, Sepp!"
In diesem Moment hätte ich anderes von ihr erwartet, als so eine freundliche Geste. Ich fragte sie, ob sie mich bei meinen Eltern aussteigen lassen könnte, das wäre nur ein Umweg von fünf Minuten.
Ich hatte Herta gesagt, wo wir sind, und dass es etwas länger wird, und sie sollte bei mir zu Hause auf mich warten.
„Musst nicht rauf auf den Berg?", fragte sie.
„Nein, wie käm ich denn morgen runter, ohne Auto?"
„Stimmt", sagte sie und lächelte.
Ich war froh, dass während der Fahrt bis zu meinem Aussteigen keine Fragen gestellt wurden. Was hätte ich über den

Kauf unserer Anlage sagen sollen, wenn sie nichts davon wissen durfte.
Tags darauf machte ich mich per pedes auf in Richtung meines bei der Boutique abgestellten Autos. Hansis Auto stand noch immer so da, wie wir es gestern verlassen hatten, direkt vor dem Eingang. Es war kurz vor zwölf, als ich eintraf.
Inge, seine Verkäuferin, schlichtete gerade in den Regalen herum, als ich kam. Über der Türe hing ein kleines Glockenspiel, das mein Eintreten lautstark ankündigte. Es waren keine Kunden im Geschäft und Adeles Schneiderei war auch nicht besetzt.
Sie begrüßte mich mit der Frage; „Wo sind denn alle? Das Auto vom Chef steht draußen und die Leut regen sich schon auf, weil sie mit dem Kinderwagen nicht vorbei kommen.“
„Wir haben nix ausgemacht“, antwortete ich, „seine Frau hat uns gestern heimgeführt und seitdem hab ich nichts mehr g`hört.“

„Ich mach jetzt Mittag“, sagte sie, „du bist ja eh da, wenn du weg gehst, schmeiß einfach den Schlüssel in`s Postkastl.“
„Mahlzeit, Inge!“
Ich versperrte die Türe und ging in den hinteren Raum. Es stand alles so da, wie am Vortag abgestellt. Ein großer Karton, in dem sich der Gesangsverstärker befand, zwei Mikrofonständer und einiges Kabelmaterial. Die Rechnung lag oben auf.
Neugierig begann ich den Inhalt auszupacken. Die Mikrofonständer hatte ich so platziert, dass ich links und er rechts stand. Wie auf einer Bühne. Dabei war das im Moment überhaupt nicht wichtig.
Aber die Vorstellungskraft hatte mich so gefangen genom-

men, dass ich nicht einmal das Klopfen an der Türe hörte. Erst als das Telefon läutete, wurde ich in die Realität zurückgeholt.

„Hallo, Boutique Ec …“.
„Wieso machst nicht auf? Ich bins, der Hansi! Wo ist die Inge? Und was tust du schon da?“
In diesem Moment wusste ich nicht, was ich ihm antworten soll, mir fiel einfach nicht`s ein. Ich legte den Hörer auf und ging zur Tür. Sein Auto stand nicht mehr da. Wahrscheinlich hat er sich einen anderen Platz gesucht, dachte ich mir, und wartete vorm Geschäft.
Inzwischen kam Inge aus ihrer Mittagspause und fragte: „Ist der Chef schon da? Weil`s Auto nicht mehr da steht!“
„Er hat angerufen und seitdem hab ich nix mehr gehört“, sagte ich.
Inge bot mir Kaffee und Topfenstrudel an. Ein bisschen Hunger hatte ich ja, also trank ich genüsslich Kaffee und lobte den frischen Topfenstrudel der Bäckerei. Wir plauderten ein bisschen über alte Zeiten und scherzten über einstige Beziehungen.
“Kannst dich noch erinnern ...?“
Die Glocke an der Tür verriet neue Kundschaft. Ich nahm meinen Kaffee und wanderte in den hinteren Bereich, in den Quasi-Proberaum. Ich nahm mir die Bedienungsanleitung des Gesangsverstärkers vor und versuchte, mir die Möglichkeiten dieses Gerätes einzuprägen.

Nach zirka einer Stunde kam Hans in Begleitung eines hageren, auffällig poppig gekleideten, älteren Mannes in die Boutique. Sein deutscher Akzent verriet mir, um wem es sich

handelte. Beide scherzten und sein auffälliges Lachen wurde immer lauter. Er ging auf mich zu und stellte sich vor.
„Hallo, ik bin Kai Uwe und habe den Auftritt in Kremsmünster für euch bede organisiert, dufte wat?"
Ein leichtes Lächeln kam auch mir über die Lippen. Ohne abzusetzen begann er über sich und seine vielen Auftritte rund um den Globus zu erzählen und welche Möglichkeiten es gäbe für jene, die mit ihm zusammen arbeiten durften. Durch sein schnelles Sprechen konnte ich nur die Hälfte verstehen. Zwischen Luft holenden Pausen nickte ich immer zustimmend.
„Jetzt zeigt mal, was ihr druf habt, Jungs!"
„Geht noch nicht", antwortet Hans ein wenig kleinlaut. „Wir müssen erst alles verkabeln und einstellen. Aber bald sind wir so weit!"
Mir wurde ganz schwummelig von der Geschwindigkeit, die so plötzlich an den Tag gelegt wurde. Kai Uwe musste am nächsten Morgen nach Berlin zurück und so wurde ein Termin in der nächsten Woche vereinbart. Mir war`s ganz recht, denn etwas Druck könnte nicht schaden, dachte ich mir.
Während des Verabschiedens suchte er sich noch ein Rüschenhemd aus. „Zahl ik dir nächste Woche!"
„Passt schon", meinte Hans. Mir kam das etwas großzügig vor für jemanden, den er kaum kannte. Aber es war nicht mein Geschäft und warum sollte ich mich einmischen!

Inzwischen füllte sich das Geschäft und Hans pendelte zwischen Kabelanstecken und fragenden Kunden hin und her. Seine pingelige Art war mir damals noch nicht bewusst, aber unter jeder Box musste eine Matte liegen und der Verstärker durfte nicht am Boden stehen. Für mich war dies neu, aber

wenn er meinte, sollte er seinen Willen haben. Als sich das Geschäft wieder leerte, konnte ich endlich die Verstärker und Mikrofone einschalten. Da tauchte plötzlich Adele auf und warf einen fragenden Blick auf unsere Anlage.
„Was machts ihr da? Ich hab noch ein paar Ärmeln zu kürzen und ihr verstellt`s den ganzen Platz!"
Gekränkt über ihren eingeschränkten Arbeitsplatz setzte sie sich zur Nähmaschine und fing hastig und leise fluchend zu nähen an. Während ihr Bruder die Abrechnung machte, klimperte ich nach dem Takt der Nähmaschine vor mich hin. Bei einem kurzen Zwischenstopp der Maschine fragte ich sie, wie es ihrem Mann Ewald ginge.
Mit einer Stecknadel im Mund und nervösem Blick sagte sie nur: „Viel Arbeit!"
Das war alles. Ich klimperte weiter. Wenn wir bis 10:00 Uhr proben, dachte ich mir, dann bringen wir schon etwas weiter. Aber dann reicht es für heute.
Inzwischen kam er herein und verkündete mit strahlenden Augen: „Heut haben wir einen super Umsatz g`macht!"
„Freut mich für dich", antwortete ich und sagte weiter, „ich hab vorläufig alles so eing`stellt, wie wir es brauch`n. Wenn du willst, können wir losleg`n."
„Warum steh ich rechts?" Die erste Frage.
„Ich hab auch kein Problem, wenn ich rechts steh'.", antwortete ich leicht genervt.
„Adele, stört`s dich, wenn wir ein bissl aufdrehn?", so Hans fragend zu seiner Schwester.
„Nein! Ich bin gleich fertig, und dann könnts aufdrehn, so laut ihr wollts ... übrigens, Hansi, eine Freundin von mir hat dich heut Mittag am Hauptplatz g`sehen, wie du herumg`flirtet hast! Und da war noch so ein Guglhupf dabei!"

„So ein Blödsinn. Das war eine Kundin. Der Mann war der Kai Uwe."
„Wer?"

„Können wir anfangen?"
„Ja!"
„Mach ma die Heya", sagte ich, während er an seinem Bass herumschraubte.
Wir schruppten los und hatten für den Anfang schon einen erträglichen Sound. Auch unsere Mikros, dank der neuen Anlage. Adele stand da und hörte zu.
„Weißt du, wie man den Hall einstellt?"
„Ja, da rechts oben ist der Regler", antwortete ich.
„Ein bissl was könnten wir noch vertragen! Aber nicht zuviel!"
Wir hatten gar nicht bemerkt, dass Adele inzwischen gegangen war. Wir probierten am Sound und an den Stimmen herum, als plötzlich Marianne, die wir anfangs gar nicht bemerkten, in der Tür stand und applaudierte.

Abrupte Stille! Wir schauten uns an und dann sagte Hans ziemlich vorsichtig: „Weißt du, Mausi, da war jemand da, der hätt einen Auftritt für uns. Bei einer großen Baderöffnung im Juni in Kremsmünster. Der hat gemeint, ob wir dort nicht auftreten könnten ..."
„Ich bin schon ein paar Minuten da und hab ein bissel zugehört. Das klingt ja gar nicht so schlecht!"
Hansi wurde euphorisch: „Wenn wir unsere Modeschauen machen, dann brauchen wir keine andere Band mehr!"
„Hast den Sepp schon gefragt, ob er so viel Zeit hat, für deine Spinnereien?"

„Es war vielleicht meine Schuld", sagte ich, ebenfalls vorsichtig, „da kann er gar nix dafür ... Ich hab meine Sachen mitgenommen und ein bissl geübt. Und so is das halt entstanden!"
„Und, wem gehört das ganze Zeug?"
„Uns!"
„Wer ist uns?"
„Der Sepp und ich, wir beide."
„Du weißt aber schon, dass du eine kleine Tochter hast, um die du dich zu kümmern hast, nicht nur ich!"
„Ja, eh! Mausi!" Er, kleinlaut.
„Wann soll der Auftritt sein?"
„Anfang Juni!"
„Gib mir die Telefonnummer vom Veranstalter und ich mach das mit ihm aus", sagte sie mit einer auffordernden Stimme.
„Der kommt nächste Woche ins Geschäft und will sich die Lieder anhören."

„Wie heißt eure Tochter?", fragte ich, um die Situation etwas zu entschärfen.
„Michaela", erwiderte sie.
„Ein schöner Name ... ich hab noch keine Kinder", gab ich zurück. So wurde die leicht angespannte Lage etwas beruhigter. Dann erzählte Hansi, wie er den Veranstalter kennen gelernt hatte, und dass er auch Kunde in der Boutique sei, jedoch kein Wort über das verschenkte Hemd.

Nach längerem Hin und Her zwischen den beiden sagte sie plötzlich:
„Komm zu uns nach Traun, Sepp! Da könnten wir alles in

Ruhe besprechen und dann siehst auch unsere Tochter!"
Mit dieser Einladung hatte ich in diesem Moment nicht gerechnet. Aber insgeheim gehofft, sein Zuhause kennen zu lernen. Immerhin hatte er mir vorgeschwärmt, wie schön und ruhig er wohne und was er alles selbst zusammengezimmert hätte.
„Darf ich meine Freundin mitbringen", fragte ich.
„Ist das das Mädl von der Modeschau?"
„Ja, das ist die Herta", antwortete ich.
„Die ist aber noch relativ jung", meinte sie.
„Aber wir verstehn uns gut", konterte ich.
Hans putzte an seinem Bass herum und horchte unserem Gespräch zu. Sein Gesichtsausdruck wirkte irgendwie zufrieden. Er kam mir vor, als hätte er gerade eine Schlacht gewonnen. Er dürfte es geschafft haben wieder damit anzufangen, mit dem er aufhören musste. Als Musiker!
Als Marianne damit anfing, dass so etwas organisiert und gut vorbereitet sein müsste, wurde mir klar, dass sie sich irgendwie einbringen wollte.Entweder sollte ihr Gatte unter ihrer Kontrolle stehen oder sie hatte von unserem Vorhaben gewusst. Ich dachte da an seine Schwester. Auch ich war natürlich über diesen Sinneswandel erleichtert, denn Geheimnistuerei konnte ich noch nie ausstehen.
In den nächste Tagen probten wir wie die Verrückten und wir wurden von Tag zu Tag besser. Wir hatten uns für den Auftritt in Kremsmünster zwei Lieder einstudiert. „Heya" und „Bridge over troubled Water", ein Lied von Simon und Garfunkel. Unser Auftritt sollte sowieso nicht länger als zehn Minuten dauern, laut Vertrag.
Das Eröffnungsprogramm war so dicht gedrängt, dass man unseren Auftritt nach der Blaskapelle und vor der Ansprache

des Bürgermeisters vorgesehen hatte. Am Plakat waren wir nur unter: „und viele andere ...“ angekündigt.

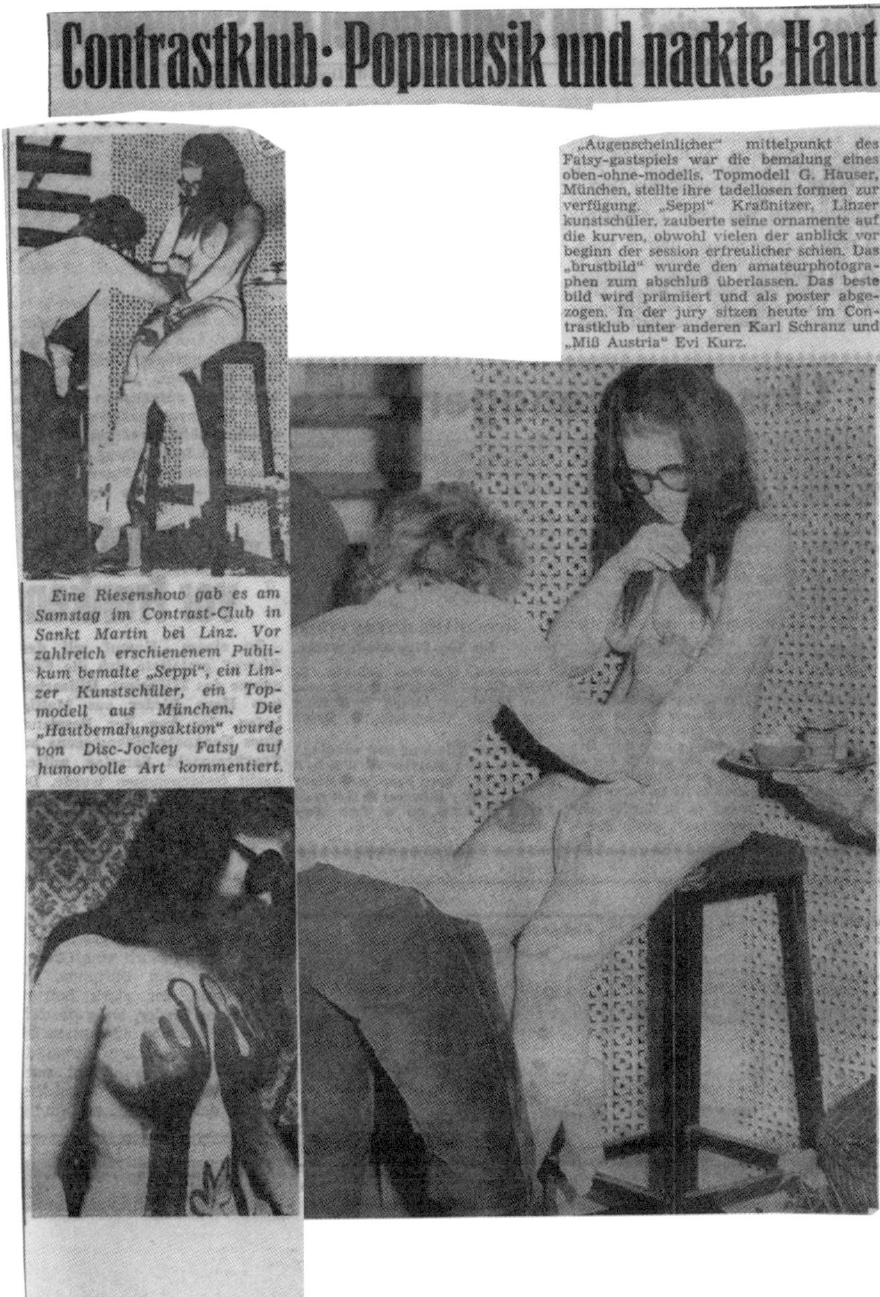

Contrastklub: Popmusik und nackte Haut

„Augenscheinlicher“ mittelpunkt des Fatsy-gastspiels war die bemalung eines oben-ohne-modells. Topmodell G. Hauser, München, stellte ihre tadellosen formen zur verfügung. „Seppi“ Kraßnitzer, Linzer kunstschüler, zauberte seine ornamente auf die kurven, obwohl vielen der anblick vor beginn der session erfreulicher schien. Das „brustbild“ wurde den amateurphotographen zum abschluß überlassen. Das beste bild wird prämiiert und als poster abgezogen. In der jury sitzen heute im Contrastklub unter anderen Karl Schranz und „Miß Austria“ Evi Kurz.

Eine Riesenshow gab es am Samstag im Contrast-Club in Sankt Martin bei Linz. Vor zahlreich erschienenem Publikum bemalte „Seppi“, ein Linzer Kunstschüler, ein Topmodell aus München. Die „Hautbemalungsaktion“ wurde von Disc-Jockey Fatsy auf humorvolle Art kommentiert.

Die Bad-Eröffnung

Am Vortag schon hatten wir Anlage und Instrumente in Hansis Ford Cortina verstaut. Wir hatten ausgemacht, dass wir uns am nächsten Tag um 10:00 Uhr bei ihm treffen und von da aus gemeinsam nach Kremsmünster fahren.
Wir sollten dort, laut Vertrag, um die Mittagszeit anwesend sein. Was mich wunderte, war, dass bis dato von Kai Uwe nichts mehr zu hören oder zu sehen gewesen war. Ich konnte in dieser Nacht nicht gut schlafen, dauernd wurde ich munter und überlegte, ob wir auch alles eingepackt hätten - und was wir tun sollten, wenn es regnet!
Herta hatte den Wecker auf 8:00 Uhr gestellt. Als das schrille, penetrante Gebimmel losging, riss es mich aus dem Halbschlaf. Ich stupste Herta leicht an und fragte: „Wie spät ist es?"
„Acht! Wir müssen aufstehn, ihr habt ja heut euren großen Auftritt!" Sie war ebenso verschlafen wie ich.
„Was haben wir denn für ein Wetter? Regnet`s eh nicht?", fragte ich sie, während ich erst den einen und dann den anderen Fuß aus dem Bett bewegte.
„Nein! Heut ist sicher ein schöner Tag, sagt der Wetterbericht", sie lächelte mir zu, „übrigens, guten Morgen."
„Einen guten Morgen, den könnten wir heut brauch`n", ich bewegte mich Richtung Fenster. Ich riss den Vorhang zurück und schrie lauthals:
„Schau, so ein blauer Himmel! Ich hab noch nie so ein schönes Blau gesehn! Keine einzige Wolkn!" Wir lachten.

Mariannes Einladung, sie zu besuchen, hatten wir aus Zeitgründen nicht wahrnehmen können. Wir fuhren heute also zum ersten Mal nach Traun, und das auch nur, weil wir auf dem Weg zu unserem Auftritt nach Kremsmünster waren. Da ich mich in Traun/St.Martin nicht gut genug auskannte, erkundigte ich mich bei einer Tankstelle nach der Stelzhamerstraße.

Kurz vor 10:00 Uhr parkte ich vorm Haus der Kreuzmayrs ein. Beide standen vor dem Gartentor und dahinter bewegte sich ein kleiner, schwänzelnder Pudel, der unentwegt bellte und Luftsprünge machte. In der offenen Eingangstür standen zwei ältere Herrschaften, die mein Ankommen ebenfalls erwarteten. Im Garten lief ein kleines Mädchen, das einen kleinen Buggy mit einer Puppe, die herauszufallen drohte, vor sich her schob und dabei herzlichst lachte.

Marianne stellte ihre Eltern vor, die den ersten Stock des Hauses bewohnten, die kleine Tochter Michaela und die Pudeldame Uschi. Im Haus gab es noch einen Kater Max ohne Schwanz, und zwar weil Hans beim Zuschlagen einer Tür die Länge des Schwanzes nicht berechnet hatte.

Im Schnelldurchlauf zeigte Hans uns stolz sein selbst gezimmertes Wohnzimmer, seine Waffensammlung mit alten Pistolen und Säbeln, die bedrohlich im Esszimmer über dem Tisch hingen. Was ich noch nicht wusste: seine Frau war fünf Jahre älter als er. Nach einer kleinen Kaffeejause und Verabschiedung von Hund, Katz und Kind machten wir uns auf den Weg nach Kremsmünster.

Wir mussten mit beiden Autos fahren, denn seines war mit Frau und der Anlage beladen. Kurz vor 12:00 Uhr kamen wir in Kremsmünster an. Der ganze Ort war mit Blumen geschmückt und über den Straßen hingen Transparente.

Die Freiwillige Feuerwehr wies den reichlich Ankommenden ihre Parkplätze zu und Fahrzeuge, die am Dach Lautspre-

cher montiert hatten, kündigten die Veranstaltung durch Rundfahrten, untermalt mit lauter Blasmusik und undefinierbarem Geschrei, an.
Unsere Zufahrt endete mit einem jähen „Halt“ eines Jung-Feuerwehr-Mannes, der uns nicht glaubte, dass wir hier auftreten sollten. Doch er kannte Marianne nicht! Nach kurzem Geplänkel und ein wenig Aufregung kam fünf Minuten später Kai Uwe. Er empfing uns herzlichst und wies uns den Parkplatz für Mitwirkende zu. Irgendwie tut mir der Jungmann Leid, sagte ich zu Herta.
Wir waren das zweite Fahrzeug und konnten die Konversation nur von hinten beobachten. Kai Uwe tänzelte wie ein Gehetzter zwischen unseren Autos hin und her und versuchte uns richtig einzuparken.
Kaum war ich aus dem Auto ausgestiegen, stürzte sich Kai Uwe auf mich und schmatzte mir links und rechts einen Kuss auf die Wange.
„He, Klener! Bin ik froh, dat ihr dat jeschaft habt, ik hab euch beworben und überall anjekündigt! Macht mir kene Schande!“
Als er sich endlich von mir abwendete und zum Auto der Kreuzmayrs lief, wischte ich mir die Wangen mit meinem Fensterputztuch ab.
Fragend schaute ich Herta an: „Der kommt mir vor wie eine Schwuchtl.“
„Aber nein, der hat sich nur gfreut, dass ihr da seid“, erwiderte sie.
„Schau, Herta, der busselt den Hansi genauso ab. Ich mein, ich spinn!“

Kai Uwe klatschte in die Hände. Wir sollten uns beeilen.

„Kommt Jungs, ik hab für euch einen duften Platz reserviert, da baut ihr euren Krimskrams auf und dann wartet ihr hinter der Absperrung auf meine Anweisungen!"
Wir waren verdutzt über die Geschwindigkeit, die er vorlegte. Wir waren beide keine Neulinge in der Branche, denn immerhin hatten wir schon im „Ro" gespielt, in der Alm in Bad Ischl und in Gutau und bei verschiedenen Geburtstagsfeiern. Aber wie er das im Griff hatte, machte mich etwas nachdenklich.
Zwei Jungmänner der Feuerwehr schleppten unser Equipment zu dem Platz, an dem wir auftreten sollten. Die Kellner boten uns Erfrischungen an und Kai Uwe zeigte im Vorbeilaufen noch den Platz, an dem wir uns umziehen konnten. Herta und Marianne teilte er ein kleines Tischchen zu und uns beiden gab er fünfzehn Minuten für die Einstellprobe. Wir schwitzten und werkten wortlos an unseren Geräten, während vor uns die Mitglieder der Blaskapelle ihre Notenständer platzierten.
Hans hatte seinen Bass bereits umgehängt und versuchte, bei dem ohrenbetäubenden Lärm sein Instrument zu stimmen und gleichzeitig sein Mikrofon zu testen. In dem ganzen Wirrwarr tat ich das auch, bis Kai Uwe uns ausladend zuwinkte.
„Dat kann ja heiter werden!"
„Wat ment der?", spöttelten wir zurück und gingen mit unseren Instrumenten zum Tisch, wo Herta und Marianne saßen. Im selben Moment stand schon Kai Uwe hinter uns und verwies uns in die Garderobe. Hier sollten wir warten, bis er uns angekündigt hatte. Die Garderoben waren gleich hinter der für die Veranstaltung hergerichteten Bühne. Es waren die Umkleidekabinen für künftige Badegäste. So hatte jeder eine

für sich. Hans im schwarzen Rüschenhemd und ich im roten Stickseide-Hemd und beide in weißer Hose. Gesponsert von der Boutique Eclisse.
Wir warteten bei offenen Kabinentüren auf unseren Auftritt und verfolgten gespannt den Ablauf des Programms. Kinder mit Eisschleckern und deren Eltern mit Bierbechern und Pommestüten, alle in Badekleidung, huschten an unserer Kabinentüre vorbei, ohne uns zu beachten. Kai Uwe heizte die Stimmung an und erzählte einige Witze auf Berlinerisch, die jedoch von den anwesenden Gästen nicht so richtig verstanden wurden. Das Lachen hielt sich da in Grenzen. Aber er machte seine Sache wirklich gut.
Die Blaskapelle in Tracht marschierte ein und platzierte sich vor den aufgestellten Notenständern. Einige Märsche und bekannte Schlagermelodien wie „Pack die Badehose" ein oder "Ein Schiff wird kommen" wurden vom Publikum beklatscht. Einige Freibier-Kandidaten brachten in bester Laune ihre eigenen Liedertexte ein: „Sauf aus, sauf aus, sauf auuuus ...".
Kai Uwe hatte die Situation im Griff und animierte die Blaskapelle während der letzten Nummer zum Mitspielen dieser illustren Runde.
Laut Programm waren wir jetzt an der Reihe, aber wie sollten wir diese Stimmung noch weiter anheizen?

Zwei Songs hatten wir zur Auswahl, Bridge over troubled Water und Heya!
„Heya, mit Heya fangen wir an!", rief ich Hansi zu.
„Hast recht! Aber volle Tube!", rief er zurück.
„Ladies and gentlemen, meine Damen und Herren, liebe Badegäste, sehr geehrter Herr Bürgermeister, was ich ihnen jetzt anbiete, ist erste Sahne!"

Zwei junge Künstler aus Linz, die ich durch Zufall bei einer Kleiderprobe kennen lernen durfte und die mir sofort ins Auge gestochen sind, möchte ich erstmalig und mit großem Applaus, hier in Kremsmünster auf die Bühne bitten! Hier sind sie: The Edward Brothers."
Kai Uwe, in seinem Anzug steckend, verschwitzt und trotzdem lächelnd, machte eine Handbewegung in Richtung unserer Umkleidekabine.
Edward Brothers. Wie kommt der auf so einen Namen, dachte ich mir, und ging zügig neben meinem mir soeben neu zugeteilten Bruder auf Kai Uwe zu.
Die Gäste drängten sich immer näher zur Bühne und wir hatten Mühe, durchzukommen. Diese Art von Auftritt war für mich etwas völlig Neues, aber ein kleiner Funken Stolz, so angekündigt zu werden, stärkte in diesem Moment mein Selbstvertrauen. Meinem neu gewonnenen Bruder dürfte es nicht anders ergangen sein. Er strahlte wie tausend Sonnen.

Credit: Gemeinde Kremsmünster

Freibaderöffnung in Kremsmünster, OÖ

Während wir unsere Instrumente und die Mikrofone in die richtigen Positionen stellten, erzählte Kai Uwe Geschichten über uns, die ich noch nie in meinem Leben gehört hatte. Er überschüttete uns förmlich mit Lobeshymnen und welche Erfolge wir schon eingeheimst hätten. Ich nahm auf dem mir von der Badegastronomie geliehenen Barhocker Platz und wartete auf den Einsatz.
Bruder Hans stand links und nickte mir zu.
Ich schlug die ersten Akkorde an und Kai Uwe klatschte euphorisch im Takt und animierte die Gäste zum Mitmachen.
Ab diesem Moment ging alles leicht. Hans setzte mit dem Bass ein und die Gäste hüpften und klatschten. Ich kam mir vor, als sei ich ein Superstar. Pressefotografen drängten sich um uns und wir schmetterten unser „HEYA" mit einer derartigen Geschwindigkeit und Lautstärke ins Publikum, sodass auch die Freibierler, wenn auch nicht im Takt, ein unüberhörbares HEYA in ihren Strophen mitgrölten.
HEYA, die zweite! Wir mussten dieses Lied nochmals spielen und wir gaben unser Bestes. Die Kinder tanzten mit ihren Eltern und die Stimmung wurde immer ausgelassener.
Da standen plötzlich zwei Mädchen hinter mir, die noch während meines Vortrages unbedingt ein Autogramm von mir wollten. Mit einem Kugelschreiber bewaffnet und ihre kleinen Brüste fast freigelegt, versuchten sie verzweifelt und kreischend mich vom Spiel abzulenken, um ein Autogramm auf diese vorgesehene Stelle zu bekommen. Aber es ging nicht!
Die zweite Version hatten wir schon ein bisschen gestreckt und so kam es zur dritten Auflage. Noch ein bisschen Nachdrehen am Verstärker, um sich dem immer lauter werdenden und mitsingenden Publikum anzupassen.

Wir hatten unser Zeitlimit schon längst überschritten und wollten uns mit „Bridge over troubled Water“ verabschieden. Da kam plötzlich Kai Uwe hopsend auf die Bühne und schmetterte in sein Mikrofon: Leute, so können wir die beiden nicht gehen lassen! Was sagt ihr?“
Die Gruppe der Freibierler tobte „HEYA, Heya ...“.
Kai Uwe, röchelnd: „The Edward Brothers!“
Wir stimmten nur mehr den Refrain an und diesen noch fünf Mal. Dann war endgültig Schluss!
Ich drückte Herta die Gitarre in die Hand und Hans übergab seinen Bass Marianne. Wir waren umzingelt von ausgelassenen Kindern und deren Eltern, die unbedingt ein Autogramm von uns wollten. Aber so etwas hatten wir nicht. Sie kamen mit Bierdeckeln, Leibchen, Badetaschen und Luftmatratzen.

Ein großer, stramm gewachsener Mann mit drei umgehängten Kameras, immer mit einer fotografierend, drängte sich zu uns vor. Im Hintergrund spielte die Blasmusik Schlager und Märsche.
Befehlend stellte er uns zu einer Gruppe Jugendlicher und knipste aus allen Positionen.
„So, Burschen! Ich bin der Horst Egger von der Kronen Zeitung und morgen habt`s einen super Bericht drinnen! Da habt`s meine Karte, und wenn`s mich brauchts dann meldet`s euch einfach ... War a klasser Auftritt, Burschen!“
In der Geschwindigkeit, wie er auch fotografierte, hatte er sich uns vorgestellt. Die Freude stand uns ins Gesicht geschrieben. Wir! In der Zeitung!
Es ging alles so schnell, der ganze Nachmittag, die vielen Leute und das alles wegen eines einzigen Liedes - „Heya“

Zum Abschluss gab es auf Einladung des Herrn Bürgermeisters für uns und unseren Anhang noch ein Buffet von Gemeinde und Stift. Nachdem wir unsere Utensilien verstaut hatten, verabschiedeten wir uns von Kai Uwe, der mir die ausgemachte Gage, also die Hälfte von den 500 Schilling, in die Hand drückte. Wir verabschiedeten uns von den noch anwesenden Gästen und von den Kreuzmayrs. Beide waren ebenso sprachlos wie ich.
„Rufen wir uns morgen zusammen", sagte ich ein bisschen verklemmt.
„Sowieso", gab Hans zurück.
Auf der Heimfahrt haben Herta und ich anfangs kein Wort gewechselt. Wir waren beide in den Gedanken versunken, an diesem Tag etwas bewegt zu haben. Hertas plötzlicher Aufschrei: „Ein Reh!", brachte mich in die Realität zurück. Ich sprang auf die Bremse, ein kurzes Manöver und ich konnte gerade noch ausweichen!
Mir zitterten die Beine, wir schauten uns an und ein „Gott sei Dank ist nix passiert" kam fast gleichzeitig aus unserem Mund. Wir fuhren gemächlich nach Hause und plauderten über den erfolgreichen Tag. In Oberbairing angekommen setzen wir uns in den Vorgarten und genossen einen kleinen Drink. Herta ein Glas Rotwein und ich ein kühles Bier.
„Der Name, den er uns gegeben hat, das ist nicht meiner", sagte ich zu Herta. „Edward Brothers. Wie das schon klingt. Wir sind doch keine Brüder!
Wenn wir weiter machen, dann bleib ich bei Robinson und der Hansi soll sich einen passenden Namen dazu suchen! Ich sags ihm morgen."
Im Hinterstübchen hatte ich den Verdacht, dass der Name „Edward Brothers", den uns Kai Uwe gegeben hatte, ein

Gedankenanstoß für eine weitere Zusammenarbeit werden sollte. Nachdenklich und voller Emotionen gingen wir zu Bett.
Am nächsten Morgen ein Klopfen und Rufen. Der Briefträger stand draußen: „Halloo! Hallooo!!"
Halb schlafend öffnete ich die Tür. „Ein Telegramm hab ich für dich."
„Für mich?"
„Ja, unterschreib."
Hoffentlich ist es nichts Unangenehmes, dachte ich. Ich machte das Telegramm auf und traute meinen Augen nicht. Sofort kommen ... Stop ... Haben Termin bei Radio Oberösterreich ... Stop ... Bei Haymo Pockberger in seiner Sendung ... Stop ... 14 Uhr im Landesstudio ... Stop ... Gruß Marianne! Stop ...

„Was gibts?", rief Herta mir zu.
„Schnell, wir müssen nach Linz! Eine Radiosendung! Wie spät ist es?"
„Halb zwölf!"
Ich stolperte über die Stufen im Eilschritt in unsere Wohnung. Aus der unteren Wohngemeinschaft öffnete schlaftrunken Dominik, unser Mitbewohner, die Türe und rief kaum verständlich: Kannst ein bissl leiser sein ... und bitte, bitte leiser sprechen!"
Ich, im Laufen: „Leg dich wieder hin, Blaublütler!" Er stammte aus einer Aristokratenfamilie.
„Heut abend gibt's Fasan!"
„Nicht schon wieder", rief ich zurück.

Herta und ich zwängten uns gemeinsam in das in die Dach-

schräge eingebaute Bad. Während des Zähneputzens versuchte ich ihr zu erklären, dass es blöd sei, so ohne Verbindung zur Außenwelt zu leben.
„Wir müssen zum Radio nach Linz und die Sendung fängt um zwei an. Beim Haymo!"
„Kenn ich net!"
„Ist eh egal. Mach dich fertig!"
„Ich muss noch Bunny und Xaver füttern!"
Beim Kauf als Zwergkaninchen angeboten, entpuppte sich der Hase als belgischer Riese, der gerade dabei war, unseren Kater Xaver zu vergewaltigen. Dieser ließ die Prozedur gelangweilt, mit verschränkten Pfoten und schnurrend über sich ergehen.
Später brachten wir Bunny in den Tierpark nach Altenfelden, wo er viele kleine Bunnys zeugte und im männlichen Hasenalter an Herzversagen durch Stress starb. So die Aussage eines Tierpflegers.

Radio Oberösterreich

Um 13:30 Uhr parkte ich meinen Opel am Hauptpatz in Linz. Was ich nicht wusste, war, dass der Sender von Radio Oberösterreich sich im Gebäude der Kunsthochschule befand, nur drei Stiegen weiter, am anderen Ende.
„Ich geh inzwischen was einkaufen! In einer Stunde bin ich wieder da", sagte Herta, „da kommen ja die Kreuzmayrs! Vielleicht kommt die Marianne mit mir?"
Leicht nervös wegen des bevorstehenden Interviews hörte ich ihr nicht richtig zu.
„Ja, ja, in einer Stunde."

Credit: Stadtarchiv, Magistrat Linz

Linzer Hauptplatz, OÖ, Mitte 70er

Wir begrüßten uns und scherzten nach Beatles-Manier. Einige Passanten schüttelten den Kopf und gingen murmelnd weiter. Uns machte diese kleine Provokation Spaß. Indessen machten sich unsere beiden Damen aus dem Staub.
„Ich glaub, schön langsam wird`s Zeit."
„Gehn wir halt!"
Hansis Blick traf ein paar bekannte Gesichter, denen er zurief: „Wir haben jetzt eine Radiosendung beim Haymo Pockberger! Jetzt, um 14:00 Uhr!"
„Gratuliere!", kam eine Antwort zurück, „hab aber keinen Radio dabei!"
Während des Gehens machten wir uns Gedanken, über was wir reden sollten.
„Es wird uns schon was einfallen", sagte Hans.
Vorsichtig klopften wir an der Studiotür. Ein großes Schild mit der Aufschrift „Radio Oberösterreich" bezeichnete sie. Ein Mitarbeiter im grauen Arbeitsmantel, auf dem das Emblem des ORF gestickt war, öffnete uns.

„Zu wem wollt ihr?“
Fast gleichzeitig antworteten wir.
„Wer sind Sie?“
Uns kamen die Worte des Türöffners sehr herablassend vor.
„Ich bin der Hansi Kreuzmayr, und das ist der Sepp Krassnitzer“, er zeigte mit dem Finger auf mich.
Auch herablassend und ein bissel erniedrigend, dachte ich mir. So, als könnte ich nicht selbst antworten.
„Wir sind Musiker und haben einen Termin in der Sendung bei Haymo Pockberger“, klärte ich den Türwächter lächelnd auf und beide blickten mich verdutzt an.
„Ah so, ah ja“, er schwang sich drehend in Richtung Aufnahmeraum. Die rote Lampe an der Tür verhinderte sein Eintreten und so warf er uns noch einen entschuldigenden Blick zu.
Die Lampe wurde Grün!
Vorsichtig einen Spalt der Tür öffnend er leise rief: „Da sind zwei Herren, die sagen, dass sie einen Termin bei Ihnen haben, Herr Pockberger.“
„Herein mit ihnen!“
Die befehlende und doch sanfte Stimme war nicht zu überhören.

Aus dem Aufnahmeraum klang alte Schlagermusik aus den 50ern. Der Türöffner winkte uns in den ca. 5 m^2 großen Aufnahmeraum. Ein alter Schreibtisch war überfüllt mit Papier, Lautsprecherboxen und technischen Aufnahmegeräten. Ein Mikrofon hing über dem Tisch an einem Galgen. Haymo Pockberger bekam gerade wieder Rotlicht. Sein Finger am Mund bedeutete uns, in diesem Moment nicht zu sprechen. Gespannt lauschten wir seinen Kommentaren und konnten

uns ein leises Schmunzeln nicht verkneifen. Als die nächste Platte lief, nahm er seine Kopfhörer ab und pflanzte sich vor uns auf. Da stand ein großer, stattlicher Mann mit Dackelblick und machte einen sympathischen Eindruck.
Wir stellten uns vor. Diesmal jeder für sich und wir plauderten miteinander, als würden wir uns schon Jahre kennen. Aus dieser ersten Begegnung wurde eine immer währende Freundschaft.

Die Sendung

Haymo setzte seine Kopfhörer wieder auf und wartete die letzten Takte der Musik ab. Wir beide standen links und rechts neben ihm und sollten in das über dem Tisch hängende Mikrofon sprechen. „Gibt`s schon was Eigenes?", fragte er.
Wir beide achselzuckend: „Noch nicht, aber bald!"
„Egal, habt`s einen besonderen Wunsch? Irgendwas von Simon und Garfunkel?"

Haymo Pockberger, der Star unter den ORF-Moderatoren

Haymo griff zum Telefonhörer und informierte das Archiv. Das rote Licht! "Achtung, Aufnahme", mir fiel fast das Herz in die Hose und wie es Hansi dabei erging, konnte ich aus seinem Gesichtsausdruck nur erahnen.
Dann! „Bei uns zu Gast zwei junge Künstler aus Linz, der Hansi und der Sepp! Diese zwei sympathischen Burschen haben es geschafft, bei der Baderöffnung in Kremsmünster mit nur einem Lied einen ganzen Nachmittag zu gestalten!"
Nach einer kurzen Pause ein allgemeines Gelächter ... dann plauderten wir abwechselnd über unsere Herkunft und unsere Wünsche, über alles, was uns so einfiel! Eine ganze Stunde lang. Zum Abschluss spielte er das Lied: „Bridge over troubled Water" von Simon und Garfunkel. Wir bedankten uns, schüttelten uns die Hände und waren erleichtert.
Dass ein Interview so einfach und locker sein kann, habe ich mir in meinen kühnsten Träumen nicht erwartet.
„Abwarten, Burschen, da kommt sicher noch einiges auf euch zu", meinte Haymo und griff unter den Schreibtisch.
„Wollt`s ein Glaserl Wein?"
Mit einem Doppler in der Hand öffnete er den hinter ihm befindlichen Schrank und holte drei Gläser heraus.
„Ist das net ein bisschen zu früh", fragte ich vorsichtshalber.
„Aber geh, so was gehört gefeiert", antwortete Haymo, lächelte und schenkte ein.
Da öffnete sich die Studiotüre und einige ORF-Mitarbeiter wollten an der kleinen Feier teilhaben. „Wir haben das Interview gehört. War lustig!", sagten sie. „Hast einen Schluck für mich?"
Wir mussten das Studio räumen, denn der Nachrichtensprecher brauchte seine Ruhe.

Wir verabschiedeten uns bei Haymo und dem Team mit den Worten: „Bis zum nächsten Mal!"
Herta und Marianne warteten in der Eingangshalle und lächelten uns freudestrahlend zu.
„Wir ham euch gehört! War super!"
„Über die Boutique hast aber nix gesagt!", Marianne blickte dabei vorwurfsvoll zu ihrem Mann.
„Doch!", sagte er. „Ich hab erzählt, wie wir uns kennen gelernt haben. Der Sepp und ich! Aber was willst in so einer kurzen Zeit dazön (erzählen)?"
Herta und ich versuchten, uns aus dem Staub zu machen. Doch Marianne meinte, irgendwo müssten wir noch einen Kaffee trinken.
„Ich hab kein Geld dabei" sagte ich.
„Na, dann seids halt eingeladen."
Vom Hauptpatz in die Hofgasse gab es ein Beisl, wo sich Aristokraten, Arbeiter und Geschäftsleute an einen Tisch zusammensetzten. Dieses Lokal war bekannt für gutbürgerliche Hausmannskost zu billigen Preisen und deshalb auch immer voll. Während des Studiums war auch ich kein seltener Gast in diesem Hause. Wir hatten dort nach dem Unterricht des öfteren Kommunikationsrunden mit den Professoren.
Wir gesellten uns zu einem mit Handwerkern besetzten Tisch, an dem gerade noch vier Plätze frei waren. Die foaste (feste) Hilde, so wurde die Kellnerin genannt, weil sie ein bisschen mehr an Gewicht mitbrachte, bewirtete flink und immer freundlich die Gäste. Ein Unikum!
Kaum hatte ich meinen Sessel zurecht gerückt, war sie auch schon da.
„Und was hama uns ausgsuacht? Heut gibt es ... und mit einer Geschwindigkeit, bei der man sich gerade die erste

und letzte Speise, da war sie auch schon bei der Nachspeise, merken konnte, zählte sie die Tageskarte auf.
„Ich möcht nur an Kaffee und du Herta?"
„Ja, für mich auch einen. Und was war das für eine Nachspeise?"
„Topfenstrudel! Und für des lassts ma ihr die ganze Litanei obaradln?"
„Und was wollts ihr?", sie wendete sich den Kreuzmayrs zu.
„Ich hab noch net nachgschaut", sagte Marianne.
Hilde drehte sich abrupt um, als Hansi ihr Hände winkend klarmachen wollte, er wisse, was er wolle.
„Bleib ruhig", rief Hilde, zur Schank gehend, zurück! Die am Tisch Sitzenden würdigten uns keines Blickes und schlürften ihre Suppen.
Erst als Hansi sagte: „Die Sendung mit Haymo im Radio haben wir gut umibracht", hoben sich die Köpfe unserer Gegenüber aus den Tellern, der Löffel noch in der Luft schwebend.
„Seids vom Radio?", fragte einer kleinlaut.
„Nein, nicht direkt", antwortete Marianne. „Die beiden sind Künstler und haben gerade ein Interview g`habt, beim Haymo Pockberger in der Sendung!"
„Darf man frag`n, was ihr machts?", warf ein anderer ein.
„Musik", gab ich zurück.
„Und ich hab noch eine Boutique", antwortete Hansi.
„Was ist das?", fragte der dritte Mann am Tisch.
„A Fetzn-Gschäft!" Er, ganz euphorisch.
„Alle Drei? A so!", und schlürften weiter.
Inzwischen kam Hilde mit den Kaffees und dem Topfenstrudel für Herta. Im Abstellen zu den Kreuzmayrs: „Weiß ma schon was?"

„Ich hätt gern a Gulaschsuppn und a Cola! Und du Hansi?" sagte Marianne mit fragendem Blick.
„Hascheeknödl in Bratensaft und a kleines Bier."
„Warum net glei?", sie lächelte und brachte den anderen Gästen das am Tablett befindliche Essen.

Oberbairing war zwar schön, aber der Weg war einfach mühsam. Der hauseigene Brunnen machte uns durch die Lurche, die sich im Rohr verirrten immer wieder Probleme und wir hatten kein Telefon. Gab es viel Schnee, so mussten wir bei unseren Eltern in Linz übernachten, und gab es einen trockenen Sommer, hatten wir kein Wasser.
So beschlossen wir, eine Wohnung in Linz zu suchen. Unser geringes Einkommen als Studenten machte die Sache nicht leichter. Mit der Musik konnten wir noch keine finanziellen Erfolge erzielen. Auch meine Arbeiten in der Boutique wurden nur mit Hemden und Hosen entlohnt.
Wir meldeten uns bei sämtlichen Genossenschaften an, um vielleicht doch eine kleinere Wohnung in der Stadt zu bekommen. Den Probenraum hatten wir inzwischen in das Haus der Kreuzmayrs in Traun verlegt und zwar in den Keller, zwischen Brennholz, Einmachgläsern und Gartenwerkzeug seiner betagten Schwiegereltern, die im oberen Stock wohnten.
Mit zum Inventar gehörte ein kleiner Heizstrahler, der uns in den kälteren Monaten zumindest das Gefühl der Wärme gab. Wir waren noch nicht am richtigen Weg, eine eigene musikalische Identität zu entwickeln. Das ärgerte mich.
In meinem Zimmer in Oberbairing machte ich mir Gedanken über verschiedene Stilrichtungen, die für ein Duo geeignet sein könnten. Ich probte und hörte mir Schallplatten von

Bob Dylan, Everly Brothers, den Stones und vielen anderen Interpreten unserer Zeit an.
Meinen folkloristischen Einschlag im Duo umsetzen zu können, mit deutschen Texten und schönem Gitarrensound, bereitete mir schlaflose Nächte.
Wieder einmal konnten wir den Heimweg wegen Glatteis nicht antreten, so beschlossen wir, bei meinen Eltern in der Stadt zu übernachten. Wie immer wurden wir gut bewirtet und schauten uns einen Film im Fernsehen an. Nebenbei wurde geplaudert und diskutiert.
Doch der Film fing mich zu faszinieren an und gespannt folgte ich der Handlung über ein blindes Mädchen, das ihr Leben in ewiger Dunkelheit verbringt und doch alles zu sehen vermag.

Um Mitternacht gingen wir ins Bett. Ich konnte nicht einschlafen. Die Geschichte mit dem blinden Mädchen ging mir einfach nicht aus den Kopf. Darüber wollte ich ein Lied schreiben.
Ich lag noch lange im Halbschlaf, halb wach und über das neue Lied nachdenkend, als plötzlich meine Mutter ins Zimmer kam und flüsterte: „Telefon! Der Hansi!"
„Is was passiert?", fragte ich, und wie spät es sei.
„Kurz vor drei", sagte sie ganz leise.
Herta wurde inzwischen auch wach und mit der Frage: „ Wer ruft denn um diese Zeit an", zog sie sich die Decke über den Kopf und versuchte weiter zu schlafen.
Ich schlich mich ins Wohnzimmer zum Telefon, nahm den Hörer und sagte: „Hallo?"
„Waterloo ... Waterloo ..."
„Was ist?", fragte ich nach.

Die Stimme am anderen Ende wurde immer lauter!
„Ich heiß Waterloo! Verstehst mich?“
„Ich hab glaubt, du heißt Hans?“, warf ich fragend ein.
„Du bleibst der Robinson und ich bin der Waterloo! Jetzt haben wir einen Namen,“ rief er immer lauter werdend.
„Ja, also Robinson und Waterloo“, wiederholte ich.
„Nein, umgekehrt, phonetisch, verstehst mi? Waterloo zuerst, dann Robinson! Also „Waterloo und Robinson.“
„Klingt eh gut“, antwortet ich, „aber du weißt eh, wie spät es ist?“
„Ja, dann bis morgen!“, und legte auf.

Ich schlich mich zurück ins Bett.
„Was wollte er denn“, kam es unter der Decke hervor.
„Waterloo“, sagte ich ganz unbekümmert.
„Was? Wer?“
„Der Hansi ist ab jetzt der Waterloo.“
„Und du bleibst der Robinson?“
„Ja“, sagte ich. Sie streckte den Kopf aus der Decke und lächelte.
„Jetzt habts ihr also einen Namen! Robinson und Waterloo.“
„Nein, phonetisch meint er, umgekehrt! Schlaf gut!“
„Du auch!“

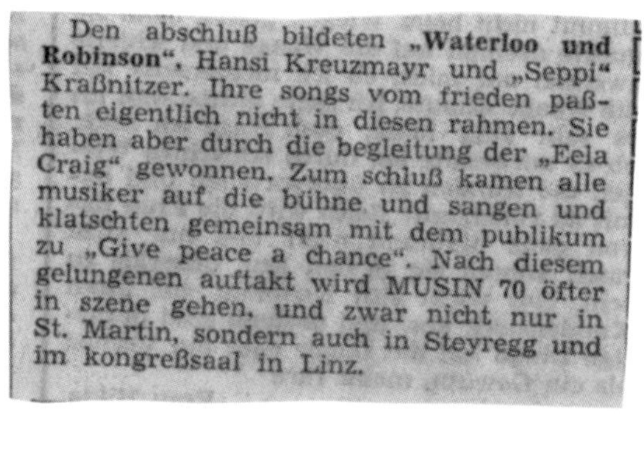
Den abschluß bildeten **„Waterloo und Robinson“**, Hansi Kreuzmayr und „Seppi“ Kraßnitzer. Ihre songs vom frieden paßten eigentlich nicht in diesen rahmen. Sie haben aber durch die begleitung der „Eela Craig“ gewonnen. Zum schluß kamen alle musiker auf die bühne und sangen und klatschten gemeinsam mit dem publikum zu „Give peace a chance“. Nach diesem gelungenen auftakt wird MUSIN 70 öfter in szene gehen, und zwar nicht nur in St. Martin, sondern auch in Steyregg und im kongreßsaal in Linz.

Am nächsten Morgen machten wir uns auf den Heimweg. Wir hatten nicht viel Zeit, den um 10:00 Uhr hatte ich Sezierstunde im Krankenhaus. Den Hasen noch schnell versorgen und alles einpacken für den Unterricht. Herta brachte ich in ihre Keramik-Werkstätte. Das war eine Holzbaracke im Industrieviertel der Stadt.
Kurz vor 10:00 Uhr parkte ich meinen Opel vor dem Krankenhaus. Die meisten meiner Klasse waren schon anwesend und warteten am Eingang. Hoffentlich wird mir diesmal nicht schlecht, dachte ich mir. Denn beim letzten Mal hatte der Dozent den Magen eines alten Mannes ausgeräumt und es stank fürchterlich.
Diesmal lag ein junges Mädchen am Tisch ... aber wen interessierte das? Für mich war dieser Tag gelaufen. Am Heimweg besuchten wir Hertas Eltern und erzählten unsere Erlebnisse der letzten Tage. Wir redeten ganz offen über unsere Vorhaben und wurden von beiden häufig moralisch und finanziell unterstützt.
Hertas Schwestern, Ilse und Gerda, habe ich von Anbeginn an ins Herz geschlossen und später auch ihre Lebenspartner. Wir waren und sind eine große und einzigartige Familie!
Am Weg nach Hause schoss es mir durch den Kopf: „Du kannst sehn!"
Ich sagte zu Herta: „‚Du kannst sehn'. Ich hab die Headline für meinen Text!"
„Welchen Text?", fragte sie mich, und ich erzählte ihr vom Film, den wir gemeinsam bei meinen Eltern gesehen hatten. Da sie sich meistens unterhalten und deshalb keine Ahnung von der Handlung hatte, erzählte ich in kurzen Zügen von meinen Eindrücken.
Plötzlich wurde sie still und nachdenklich.

„Und was meinst du?“, fragte ich.
„Eine gute Melodie und ein guter Text, der keine Schnulze ist, da kann ich mir vorstellen, dass das etwas sein könnte“, antwortete sie nachdenklich, „ja, das hat schon was.“ Und sie nickte zustimmend.
„Wenn wir daheim sind, werd ich mich gleich drüber stürzn“, sagte ich.
Irgendwie war ich froh, diese Idee weitergegeben zu haben, um ein Feedback zu bekommen. Was habe ich schon alles probiert! Einfach nur so dahin gespielt, nur weil es Spaß machte. Aber diesmal wollte ich etwas schaffen, und es sollte mir gelingen.
Noch am selben Abend setzte ich mich hin und zupfte an der Gitarre. Ich ließ den Film in mir abrollen, schrieb einige Zeilen mit und versuchte dies in mein Spiel zu verpacken. Immer und immer wieder stellte ich mir dabei vor, dass Hansi und ich, also wir beide gemeinsam, dieses Lied interpretieren sollten.
Stundenlang bastelte ich am Text und an der Melodie. Dabei fiel mir gar nicht auf, dass ich schon die ganze Zeit alleine war. Um mich war alles ruhig, niemand störte mich und Herta schlief ganz fest. Erst ein Gelächter und undefinierbare Sätze unserer Mitbewohner im Erdgeschoß ließen mich auf die Uhr schauen.
„4:00 Uhr“, sagte ich mir, „die haben gewaltig über die Schnur ghaut. Warum nicht! Ja, recht haben sie,“ meinte ich, noch im Gedanken versunken, weiter zu spielen.
Warum nicht? Die Leute unter mir, die waren die größten Kritiker in Sachen Musik. Mit Musik klangen auch unsere langen Diskussionsabende immer aus.
Mit der Gitarre und dem Textentwurf in der Hand klopfte

ich um 4:00 Uhr morgens an die Tür der beiden Studenten Spitzy und Dominik.
„Komm rein! Ist offen wie immer“, so Spitzy der verwöhnte Millionärssohn aus Argentinien. Seine Eltern, echte Wiener, wanderten vor Jahrzehnten nach Argentinien aus und betreiben dort riesige Kaffeeplantagen.
Dominik, der andere Student, war Sprössling eines Adelsgeschlechtes, etwas unbeholfen und immer nachfragend, aber sehr zuvorkommend und nett.
„Ich will nur eure Meinung hörn! Sonst gar nix.“
Verblüfft schauten beide mich an.
„Nur eure Meinung! Ok?“
„Schluck Rotwein?“, so Spitzy.
„Ja, klar!“
Ich setzte mich auf die Couch, legte mir den Text zurecht und begann leise zu spielen. Ich musste mich erst ein bisschen eingrooven. Und dann! Der Song heißt: „Du kannst sehn.“
Ich zupfte und sang, und plötzlich ging alles so leicht über die Lippen. Angespannt hörten sie mir zu und tranken den argentinischen Rotwein. Da beide sowieso nicht mehr ganz nüchtern waren, hatte ich das Gefühl, wenn sie jetzt eine negative Kritik abgeben, dann ist es auch gut.
Aber es kam anders. Beide standen auf und gingen wortlos zu Bett. In diesem Moment kam ich mir wie der größte Trottel vor. Ich packte meine Sachen zusammen, schaltete das Licht aus und ging leicht gekränkt nach oben.

Am nächsten Morgen! Ein leises Klopfen an der Tür.
„Sepp! Wir sind es, deine Untergebenen.“
Nochmals Klopfen.
„Wir sind es, Spitzy und Dominik.“

Ich öffnete und da standen beide in Unterhosen, mit einer Kanne mit heißem Tee bewaffnet.
„Dürfen wir auf einen kleinen Sprung hereinkommen?“, fragte Spitzy.
„Nur, um mir zu sagen, dass es ein wertloses Lied ist?“, fragte ich nach.
„Nein, um dir die Wahrheit zu sagen.“
Herta war mit ihrer Toilette beschäftigt und wusste nichts vom gestrigen Abend. Wir setzten uns in der Küche zusammen und Dominik eröffnete das Gespräch.
„Ich habe eine blinde Schwester, Spitzy kennt sie! Und als ich deinen Text hörte und den Gitarrensound und die Melodie, da wusste ich nicht, wie ich dir danken sollte. Spitzy ging es genauso. So sind wir aufgestanden und ins Bett gegangen. Aber ich konnte nicht schlafen!“
„Davon hatte ich nicht die geringste Ahnung, Dominik!“
Herta gesellte sich zu uns, machte ein paar Brote zum Tee, und ich erzählte den beiden vom musikalischen Projekt mit meinem Partner.
„Wenn du uns brauchst, ganz egal was kommt, du kannst immer auf uns zählen“, warf Spitzy in die Runde ein.
Ich holte die Gitarre und wir sangen gemeinsam improvisierte Songs zum Ausklang des gemeinsamen Frühstücks zur Mittagszeit.
„Habt ihr schon einen Namen“, fragte Dominik.
„Ja, seit gestern heißen wir ‚Waterloo und Robinson‘.“
„Na dann, viel Glück!“

Bei der nächsten Probe spielte ich Hansi mein neues Lied vor. Er sang gleich mit und probierte verschiedene gesangliche Einwürfe aus.

„Warum baust du nicht deine Falsettstimme ein?“, fragte ich ihn.
„Ist eine gute Idee“, meinte er, „immerhin war ich ja bei den Florianer Sängerknaben“, er lächelte.
Ich auch. Wir nahmen das Lied auf unserem Kassettenrekorder auf und es klang wirklich gut.
„Schön wärs, wenn noch eine Flöte dabei wär“, überlegte ich.
„Da kenn ich jemanden! Den kennst du auch. Der Harry Zuschrader von den ‚Eela Craig‘s (Kultband aus Linz).“

„Ach ja, der Harry! Der ist ja noch dazu ein guter Gitarrist“, den fragen wir! Er arbeitet in der Gebietskrankenkasse, zumindest sagt das mein Vater“, sagte ich.
„Na, dann besuch ma ihn halt“, konterte Hans, holte seinen Bass aus dem Koffer und fing undefinierbare Phrasen zu spielen an. Laut, so laut, dass sein Schwiegervater plötzlich an der Kellertür stand und verärgert fluchte.

„Das geht so nicht! Soo, nicht! Meine Frau schmeißt es fast aus dem Bett, so dröhnt es bis in den ersten Stock. Mich wunderts, dass die Marianne nix sagt."
„Die ist grad mit dem Hund und der Michaela spaziern gegangen", erwiderte er kleinlaut.
„Aber so laut", der Schwiegervater schüttelte den Kopf, drehte sich um und schloss die Tür.

„Was war denn das?", fragte ich nach.
„Die Schwiegermutter ist ein bissl kränklich. Müss ma halt a bissl leiser sein."
„Du", sagte ich, „ich hab jetzt gar net gspielt. Das ist aber net lustig, wenn wir so eingeschränkt sind, wir müssen doch manchmal a bissl aufdrehn ...", meinte ich leicht irritiert.
In diesem Moment kamen Marianne, Tochter und Pudel zur Tür herein.
„Was war denn da los? Mein Vater hat sich beschwert, weil ihr so laut seids."
„Nochmals! Ich nicht! Er", und zeigte auf Hans.
„Es is ohnehin schon spät, kommts rauf, ich hab mit euch ein paar Sachen zu besprechen. Positive!"
Ihr verschmitzes Lächeln machte mich neugierig. Wir setzten uns im Wohnzimmer auf Hansis selbst gezimmerte Eckbank. Zwischen uns die Pudeldame Uschi, die jede meiner Bewegungen genau beobachtete. Ich war ja der Fremde, der Eindringling.
Während Marianne in ihrem Schreibtisch herumkramte, versuchte mir Hans zu erklären, was er nicht alles selbst gemacht hätte. Ich hörte zwar aufmerksam zu, hatte aber Durst und wollte ihn nach einem Glas Wasser fragen. Marianne war schneller.

„Wollt ihr ein Bier?“
„Ja, bitte!“
„Bleib sitzen Mausi, ich hol schon was“, sagte jetzt Hans. Mausi? Na, irgendwie schaut sie wie eine kleine Maus aus. Aber wie eine unerzogene, dachte ich mir. Pudeldame Uschi hatte mich inzwischen akzeptiert, denn ihr Kopf lag auf meinem Oberschenkel. Meine Augen wanderten durch Familie Kreuzmayrs Wohnzimmer, um ein paar Eindrücke aufzunehmen.
Aber dann, mit lauter Stimme und singend: „Ratatata ... da Hansi ist da ...“
Marianne drehte sich abrupt um und fauchte ihn an. „Spinnst? Sei leise, die Kleine schläft! Musst du sie unbedingt aufwecken?“
Da stand er verdutzt in der Tür, mit zwei Bierflaschen und Gläsern. „Entschuldige, Mausi. Ich bin eh ganz leise.“
Sie, forsch: „Wird gut sein“, und kam mit einigen Zetteln und einem Kalender zum Tisch.
„Da schauts her, das sind die ganzen Anrufe der letzte Tage.“
Sie winkte mit einen Pack von Zetteln über den Tisch. „Alle wolln euch haben!“
„Warum machst nicht du das Managment für uns“, fragte ich sie.
„Ja, warum net“, flüsterte Hansi.
Etwas überrascht streifte ihr Blick zuerst mich, dann Hansi.
„So leise brauchst auch wieder net redn“, sagte sie zu ihm. Sie holte einen Brief hervor und begann zu lesen. Der Österreichisch Rundfunk unter Leitung von Frau Eva Maria Kaiser, sucht junge Talente für die „Talente 70 Show“! Vorzusprechen und ... Einsenden einer Demokassette an ... usw ...

„Wollts mitmachn?“, sie schaute uns fragend an. „Sicher“, sagte ich, „und was meinst du?“, und blickte auf Antwort wartend zu Hans.

„Wir haben eh grad etwas aufgnommen. Wie heißt noch schnell die Nummer?“ (Lied)
„Du kannst sehn“, gab ich zurück, „aber das müssn wir für so einen Zweck noch einmal aufnehmen. Das is noch zu unsicher gespielt und gsungen.“
„Das müsst ihr aber bald machen, der Einsendeschluss ist in einer Woche“, schaltete sich Marianne ein.

„Geh, Mausi! Das schaff ma doch locker in einer Wochn!“
„Da bin ich aber neugierig“, meinte sie und gab uns noch einige Anfragen für Auftritte bekannt.
„Von wo hast du das alles her, Mausi?“, fragte Hansi ganz verblüfft.
„Na, von dir! Du hast doch überall unser Visitenkarte hergegeben und beim Interview hast die Adresse laut und deutlich erwähnt.“
„Das ist mir gar net aufgfalln“, mischte ich mich ein und wunderte mich, „aber dass es so viele Leut ghört haben!“
„Schauts euch die Zetteln in Ruhe durch und dann können wir immer noch entscheiden, was wir machen wolln und wegen des Managements reden wir morgen weiter.“
Marianne hatte für heute genug und zog sich ins Bad zurück. Hansi und ich sahen die Aufzeichnungen durch, tranken unser Bier aus und verschoben unsere Entscheidung ebenfalls auf morgen.
„Ich hab morgen Vormittag eine Prüfung, bin aber um die Mittagszeit fertig“, sagte ich beim Verabschieden.

„Ist gut", erwiderte Hans und wartete am Gartenzaun mit Pudeldame Uschi, die ihre Notdurft verrichten musste, bis zu meiner Abfahrt. Nachdenklich fuhr ich nach Hause.
Herta, die schon am frühen Nachmittag den Heimweg mit dem Postbus angetreten hatte, erwartete mich bereits. Ich erzählte ihr in Kurzform den Tagesablauf, auch über das Gespräch mit Marianne, ob sie nicht das Management übernehmen wolle. Herta war erstaunt.
„Was hat sie denn gsagt?"
„Sie sagt es uns morgen."
„Hast du nicht morgen eine Prüfung?", fragte sie.
„Ja, um 10:00 Uhr, Kunstgeschichte! Aber ich kenn mich eh aus. Ein paar Sachen muss ich noch einpacken, und dann legen wir uns nieder ... stellst mir den Wecker auf 7:00?", rief ich, während ich ins Wohnzimmer ging. „Jaha ...", hörte ich sie aus der Küche. Herta streckte den Kopf durch die Durchreiche in das Wohnzimmer.
„Hast schon was gegessen? Meine Mutter hat mir einen Apfelstrudel mitgeben! Mit Rosinen! Magst was?"
„Ja, a bissl was könnt ich schon noch vertragen", und suchte währenddessen meine Unterlagen zusammen.
„Wie spät ist es denn schon?"
Antwort aus der Küche: „11:00 Uhr!"
„Was, schon so spät?"

Nach der Prüfung am nächsten Morgen, die ich übrigens bis auf einige kleine Korrekturen erfolgreich abgeschlossen hatte, wurde von der Schulleitung eine kleine Feier in der Aula inszeniert. 12 meiner Studienkollegen und einer aus den Meisterklassen für Grafik wurden eingeladen. Es gab einen kleinen Umtrunk und belegte Brötchen, sowie eine bedeutungslose Ansprache des Rektors. Bei solchen Anlässen war die Aula meistens voll besetzt, ein Ende nicht abzusehen. Ich verzog mich in das Sekretariat, um in der Boutique anzurufen. Die Tür stand offen, aber unsere immer freundliche Sekretärin war nicht anwesend. Ich wollte mir erlauben, das Telefon zu benutzen.

Ich griff zum Hörer, aber im selben Moment kam ein Anruf herein. Da die Sekretärin nicht da war, hob ich ab und sagte die übliche Einleitung: „Hochschule für künstlerische und industrielle ... Grüß Gott.“
Am anderen Ende: „Hansi Kreuzmayr, begrüße Sie! Kann ich bitte den Sepp ...“
„Hansi, ich bin am Telefon. Ich hab nur abghoben, weil die Sekretärin nicht im Zimmer ist, ich wollt dich grad anrufn! Zufall, was? ... Es wird a bissl später werden ...“
Er unterbrach mich: „Passt eh! Ich hab den Harry erreicht und er hätt heute Zeit. Er tät zu uns nach Traun kommen, so um 6:00 Uhr.“
Enttäuschte es mich, dass er nicht einmal die Frage stellte: Wie ist es dir ergangen? Hast du es geschafft? Darf ich dir gratulieren? Es kam gar nichts. Nichts!
Also sagte ich: „Ja, das geht sich aus. Dann treffen wir uns bei dir. Bin um 6:00 da.“

Als ich gerade auflegte, kam die Sekretärin, links und rechts ein belegtes Brötchen haltend, zur Tür herein.
„Krassnitzer! Immer der Krassnitzer!“
„Ich hab nur einen Anruf entgegengnommen! War sowieso für mich!“
„Und ein bissl wartn hätt er net wollen?“

„Niemals“, antwortete ich spontan, „da geht's um Leben und Tod“ und huschte zur Tür hinaus.
In der Aula herrschte reges Treiben, alle machten sich wichtig, es wurde diskutiert und ein bisschen gestritten, aber das war der Alltag an unserer Schule. Ich packte meine Sachen zusammen und verabschiedete mich leise.

Am Ausgang kam mir Haymo Pockberger entgegen, der gerade Dienstschluss hatte. Wir begrüßten uns umarmend und er erzählte von den Reaktionen auf unser Interview. Ich war sprachlos. So viele Anrufe und so viele Fragen!
Er meinte: „Sag deinem Kollegen, wir haben nächste Woche ein großes Radiofest im Kaufmännischen Vereinshaus und da sind auch die Wiener Kollegen mit dabei. Wenns Lust habts, könnts a Liedl trällern. Der Sigi Arnd spielt mit seiner Band und kann euch sicherlich begleiten.“

Das ist ja erfreulich“, erwiderte ich und sagte ihm spontan zu.
„Frag lieber noch einmal nach“, sagte er.
„Eh klar, Haymo und danke! Ich melde mich.“

Diesen Tag werde ich sicherlich nie vergessen! Konnte ich auch gar nicht, denn es ging weiter. An meinem Opel Caravan, eingeklemmt unter dem Scheibenwischer, leuchteten zwei weiße Zettelchen hervor. Vorsichtig zog ich sie heraus und warf einen Blick auf das Papier. Organmandat, Strafe 40 Schilling, ich wurde blass. Wegen was? Und las weiter.
Sehr geehrter Fahrzeughalter ... Ihre Reifen weisen kein Profil mehr auf und wir ersuchen ... Das gibt es doch nicht! Die sind doch noch in Ordnung! Und der zweite Zettel? „In Ihrem Wagen ist keine Parkuhr angebracht! Strafe: 30 Schilling.
Jetzt reichts aber. 30 und 40 Schilling, das sind 70, die hab ich nicht!
Der Tag hatte so gut angefangen und jetzt das. Ich fluchte vor mich hin, bestieg den alten Opel und wollte wegfahren. Ich startete ... nichts. Ich startete nochmals und nochmals, ein gewisses Würgen machte sich im Motorraum breit.
„Jetzt macht mir der Scheißkübel auch noch ein Problem!"
Ich stieg aus, öffnete die Motorhaube und versuchte durch Klopfen und Ziehen am Keilriemen, dem Motor gut zuzureden.
Ein vor mir parkender Autofahrer wollte soeben wegfahren und sah, wie ich mich mit meinem alten Opel herumärgerte. Er ging auf mich zu und fragte nach meinem Problem.
„Zwei Strafzettln und er springt nimmer an. Das ist mein Dilemma!"
„Wahrscheinlich die Batterie", sagte der freundliche Herr. „Ich hab ein Starterkabel im Auto und dann wird a laufn wie ein Glöckerl."
„Danke! Das ist sehr freundlich von Ihnen", sagte ich erleichtert.

Er ging zu seinem Auto, startete und fuhr los. So, dachte ich mir, so schaun Freunde aus und wollte die Motorhaube schon zuwerfen. Doch er hatte sein Fahrzeug nur umgedreht, um von seiner Batterie mit den Kabeln zu meiner zu kommen. Er schloss beide zusammen und sagte: „So, und jetzt steigen Sie ein und starten!"

Ich drehte den Zündschlüssel um, um dann das vertraute Geräusch eines laufenden Motors zu hören. Der freundliche Herr löste seine Kabeln, verstaute sie in seinem Kofferraum und ging auf mich zu. Ich saß angespannt in meinem Opel und traute mich nicht, den Fuß vom Gaspedal zu nehmen.

„So, junger Mann", sagte er lächelnd, „jetzt müss ma das Auto ein bissl bewegen, dass sich die Batterie wieder auflადet."

Ich bedankte mich Hände schüttelnd bei ihm. So, mein erster Weg ist der Otto-Glöckel-Weg zu Hertas Keramikbaracke und dann nach Oberbairing, um meine Gitarre zu holen. Oder besser umgekehrt? Zuerst nach Oberbairing und dann? Ich entschloss mich für die zweite Variante. Ein bisschen Zeit hatte ich ja noch.

In Oberbairing angekommen, begrüßte mich an der Eingangstüre Dominik, der ebenfalls gerade gekommen sein dürfte, denn der Kofferraumdeckel seines Autos war offen.

„Habt ihr heut Abend schon was vor?"

„Fasan mit Blaukraut im Anmarsch?", fragte ich ein wenig ironisch zurück.

„Nicht doch!", er ganz entsetzt. „Heut gibt es einen Hasen. Aber Blaukraut stimmt."

„Geht leider nicht, Dominik, wir treffen uns mit einem Musiker und möchten das eine Lied, das ich euch neulich vorgspielt hab, aufnehmen. Nicht bös sein, ein andermal gern",

und stapfte in die Wohnung. Kurz vor 5:00 Uhr traf ich vor Hertas Baracke ein. Da standen sie alle in weißen Kitteln vor einem Ofen im Vorgarten und strahlten wie tausend Sonnen. Herta sah mich kommen und eilte auf mich zu.
„Was habt denn ihr für eine Veranstaltung?“, fragte ich verwundert.
„Wir haben einen neuen Brennofen selber gsetzt und der funktioniert super“, lächelte sie mich freudestrahlend an. „Meine Töpf werdn grad gebrannt.“
„Ich wollt dir nur sagen, dass ich nach Traun fahren muss, weil der Harry kommt. Ich hol dich anschließend bei deinen Leuten ab!“
„Ich bin sowieso noch mindestens zwei Stunden beschäftigt und wart halt dann auf dich“, sagte sie mit Blick auf den Ofen. Hatte sie mir überhaupt zugehört? Ein zartes Küsschen zur Verabschiedung, ein Winken zu den Anwesenden und ich fuhr los.
In meiner Hektik vergaß ich, ihr zu erzählen, dass ich die Prüfung bestanden hatte und all die anderen kleinen Problemchen des Tages, aber das konnte ich ihr ja später sagen.

Kurz vor 6:00 parkte ich vorm Gartenzaun der Kreuzmayrs in Traun/St. Martin. Mich wunderte, dass niemand da war. So blieb ich im Auto sitzen und las nochmals die Strafzettel durch. Ich stieg aus und betrachtete meine Reifen von allen Seiten.
„So schlecht sind die auch wieder nicht“, murmelte ich vor mich hin, „aber irgendwann werden sie fällig. Vorm Winter vielleicht!“
Ich setzte mich wieder ins Auto. Da bog ein weiterer Wagen in die Straße ein und parkte direkt hinter mir. Ich schaute im

Rückspiegel nach dem Fahrer, versuchte zu erkennen, wer es war. Mit einem Aufblenden der Scheinwerfer begrüßte mich Harry.

Wir stiegen beide aus und nach kräftigem Händeschütteln und Servus lautete seine Frage: „Sind wir die ersten?"

„Schaut so aus! Aber es ist erst 10 Minuten nach sechs ..."

„Ich hab nur bis elf Zeit ...", als er weiterreden wollte, bogen sie ein.

„Die Kreuzmayrs", sagte ich. Früher als geplant. Wir lachten. Fuchtelnd und mit entschuldigenden Sätzen wie: Seids mir nicht bös, aber ich war mit der Uschi beim Tierarzt ... ich hab ein bissel was einkaufen müssn ... der Verkehr ... entstieg Hans seinem Auto.

„Harry, freut mich, dass du dir die Zeit gnommen hast! Wirst sehn das wird a gute Gschicht. I freu mi ... Servas Sepp! ... Kommts rein, Burschen! ... So wohn ich!"

„Geh du zuerst", sagte ich zu Harry, „ich war schon öfter da."

„Wollts ihr was trinken, habt ihr einen Hunger? I hab eh grad ein bissl was eingekauft ...!" Hans räumte sein Plastiksackerl aus.

„Wenns dir nix ausmacht", sagte Harry, „möcht ich gern wissen, um was es geht."

„Er hat nur bis elf Zeit, und wenn ma die Nummer aufnehmen wollen, dann sollt ma gleich anfangen", sagte ich zu Hans.

„Is eh klar", sagte er, „dann schmeiss ma uns halt in den Keller ... hast die Flöte und die Gitarre mit?" fragte er Harry.

„Ja! Noch im Auto."

„Die werd`ma aber brauchen!"

Jetzt mischte ich mich ein: „Ich hab ja meine Gitarre auch noch im Auto."

Nachdem die Instrumente in den Keller gebracht worden waren und Harry sich etwas Platz geschaffen hatte, packten wir unsere Musikgeräte aus und spielten uns ein. Im Moment war es noch so eine Art Kennenlern-Stimmung. Aber wir verspürten schon während der ersten Akkorde einen gewissen Gleichklang.

„Schaut alles noch ein bissl improvisiert aus, da im Keller", meinte Harry. Der Platzmangel war nicht zu übersehen.

Inzwischen hatte Hansi den Kassettenrekorder in Schwung gebracht und ich meinen Verstärker und das Mikrofon. Dann erklärten wir Harry, worum es uns ging.

„Klingt ja sehr interessant", meinte er, „und welchen Titel wollt`s aufnehmen?"

„Wir haben nur eine Demo gmacht! Von einer Numma, die da Sepp mitgebracht hat."

Er legte die Kassette ein und startete. Harry, auf einer Kiste sitzend, den Kopf nach unten geneigt, lauschte der Musik und verzog dabei keine Miene.

„... Und da, am Anfang, hast ghört? Da sing ich so ein Falsett", kam es von Hansi spontan, „und wenn du mit der Querflöten die zweite Stimm spielen könntest! Ich glaub, das wär der Hammer!"

„Wer hat denn das Lied gschrieben?", fragte Harry. „Hab ich gmacht", sagte ich.

Hansi drehte sich um und schraubte am Verstärker herum. Er vermittelte in diesem Moment ein komisches Gefühl. Vielleicht war es Eifersucht, damals konnte ich mir keinen Reim daraus machen. Er legte eine neue Kassette ein und meinte: „So Burschen und jetzt können wir loslegn."

„Wart ein bissl", meinte Harry, „erst müss ma des durchprobieren!"

„Ist eh klar, Harry!“
Inzwischen war es 22.30 Uhr und Harry machte keine Anstalten aufzubrechen. Marianne kam mit einem Teller voller Brötchen und drei Bier zur Tür herein.
„Damit`s mir nicht verhungerts! ... Das, was ich bis jetzt nach oben ghört hab, das gfällt mir recht gut!“ Sie meinte mit „oben“ das Wohnzimmer.
„Die Idee mit dem Harry war ideal vom Hansi“, warf ich ein. Ich bemerkte, wie ein breites Grinsen seinen Gesichtsausdruck veränderte. Da wurde mir klar, er wollte gelobt werden. Na, wenns weiter nichts ist, dachte ich mir! Es war weit über Mitternacht, als die Aufnahme im Kasten war.
„Morgen bring ich die Kassette gleich zur Post und dann werden wir sehn, was damit passiert,“ sagte Hansi, schon ein wenig übermüdet.
Er hatte es ja auch nicht leicht zu dieser Zeit. Tagsüber im Geschäft und jetzt noch die ganze Proberei. Aber mir ging es auch nicht besser. Herta hatte mit Marianne telefoniert und ihr gesagt, dass sie bei ihren Eltern schlafen würde und wir uns dann morgen treffen.
„Und was war mit deinem Termin?“, fragte ich Harry beim Verabschieden.
„Ich hab mir mit an Mädl was ausgmacht, aber ich weiß eh net recht ...“
„Morgen müssen wir unbedingt die Anfragen durchgehen“, erinnerte mich Hansi.
„Gut, ich komm nach der Schule in dein Gschäft. Bist eh da? Und vergiss nicht, die Kassette aufzugeben!“

Es war kurz nach 16:00 Uhr, als ich am nächsten Tag die Boutique betrat. Ich traute meinen Augen nicht!

Das Geschäft war überfüllt mit Mädchen. Die meisten trugen Kleidungsstücke in den Armen und suchten einen Platz, um diese anzuprobieren. Die meisten waren halb nackt. Aus dem hinteren Raum, unserem ersten Proberaum und Adeles Schneiderei, drang Hansis Stimme: „Kommts eina, da ist noch ein Platz!“

Mitten im Gewühl sah ich ihn stehen. Er hielt ein großes Tuch und fungierte als lebender Vorhang. Dahinter waren kichernde Mädchenstimmen zu hören.
„Hilf mir“, rief er, als er mich sah, „ mir fallen schon die Händ ab.“
„Was ist denn da los?“, fragte ich überrascht.
„Die Marianne hat eine Modenschau ausgmacht, am Linzer Hauptplatz“, antwortete er ganz fertig und schwitzend.
„Und seit wann weißt du das?“
„Seit gestern. Sie hat das mit der Kronenzeitung besprochen.“
„Aber so, auf die Schnelle?“, fragte ich verwundert.
„Was sagst zu der?“
Er deutete mit dem Kopf nach links.
„Welche?“
„Na die mit den schwarzen, langen Haaren! Die ist eine ganz Liebe“, flüsterte er mir zu.
„Sie schaut die ganze Zeit her“, erwiderte ich und dachte dabei: „Wenn das nur gut geht!“
„Du musst ein Plakat machen für die Modenschau!“ „Jetzt noch ein Plakat? Ist das nicht schon viel zu spät?“
„Nein, wir brauchen ein eigenes“, sagte Hans nervös, mit Blick auf das schwarzhaarige Mädchen.
Ich hatte zwar von dieser Veranstaltung gewusst, nichts aber

von der Modenschau, die in diesem Rahmen stattfinden sollte.
„Das is ja schon nächsten Freitag“, wunderte ich mich über die Spontanität, mit der offenbar agiert wurde.
„Der Horstl Egger hat alles eingefädelt“, erklärte Hans.
„Eine gute Kundschaft bei dir“, freute ich mich, „vielleicht haben wir wieder eine gute Presse.“
„Warum glaubst, dass ich mich so abstrampel?“ „Wollten wir nicht heut die Adressen durchgehn, damit wir entscheiden können, wo wir auftreten wollen? ... Und wer zahlt mir das Plakat?“
„Wir werdens irgendwie unterbringen“, meinte Hans und konnte den Blick nicht von der Schwarzhaarigen losreißen.
„Ich fahr jetzt heim und mach dir ein paar Entwürfe“, gab ich mich geschlagen, „ich meld mich dann morgen.“
Hans machte eine Kussbewegung in die besagte Richtung und hörte mir offensichtlich nicht zu. Sinnlos, dachte ich und fuhr, nachdem ich Herta abgeholt hatte, nach Hause.
Ich erzählte ihr während der Fahrt, was mich bewegte: von der bestandenen Prüfung, vom Missgeschick mit dem Auto. Und das mit der Batterie.
Ich hab bis jetzt keine Probleme mehr ghabt, sagte ich mir selbst ganz verwundert.

Schlag auf Schlag

Die Modenschau am Linzer Hauptplatz war ein voller Erfolg. Sie endete mit einer Ohrfeige von Marianne im Foyer des Linzer Rathauses, weil Hansi mit dem schwarzhaarigen Mädchen eng umschlungen in einem offenen Cabrio über

den Hauptplatz in Richtung Rathaus direkt auf Marianne zufuhr, aber sie das Techtelmechtel schon von weitem beobachtet haben dürfte.
Die Ohrfeige war im ganzen Rathaus zu hören, doch Hansi war sich keiner Schuld bewusst! Seine Antwort: „Geh Mausi, des kannst do net machn!“
Manche der Umstehenden, die die Szene mitbekamen, lachten und andere wiederum sagten: „Wenn das meine Frau tät! Oder, na sowas! Der Arme!“
Ich stand daneben und hatte alles miterlebt. Insgeheim hatte ich geahnt, das Marianne genau wusste, was sie tat. Vielleicht war es nicht der richtige Platz. Aber wer weiß das schon? Die Presseberichte der darauf folgenden Tage ließen alles schnell vergessen.
Der Name „Waterloo & Robinson“ verbreitete sich erstmals in Linz. Es ging ziemlich schnell und wir waren plötzlich keine Unbekannten mehr.

Vom Eigentümer eines renommierten Linzer Bekleidungshauses, der unsere Kreativität zu schätzen wusste, bekamen wir den Auftrag, seine neue Boutique am Linzer Hauptplatz zu gestalten. In bester Lage. „Paradise“ war der anspruchsvolle Firmenname. Und über dieses „Paradise“ haben wir auch später ein Lied geschrieben. Ich sage absichtlich wir, denn unser Freund Jack Grunsky arbeitete an diesem Projekt als musikalischer Leiter mit.
Hansis Vater, der bei dieser Firma angestellt war, half in seiner kargen Freizeit, wo es nur ging, mit. Auch später, bei einem Umbau eines leerstehenden Saales in einem Gasthaus in Pasching, den wir für Auftritte umgestalteten. Der internationale Bühnenbildner Dieter Matschiner engagierte

uns für eine in dieser Stadt noch nie dagewesene Verkaufsausstellung. Für die „Collection 70“ und noch einige mehr. Wir waren voll dabei und im Geschäft.

Nach langem Hin und Her entschloss sich Marianne, das Management für „Waterloo & Robinson“ zu übernehmen. Sie legte mir einen Vertrag vor, den ich natürlich genau prüfte und auch prüfen ließ. Im Großen und Ganzen war der Vertrag fair abgefasst und ich konnte daher ruhigen Gewissens unterschreiben. Hansi war der Vertrag mehr oder weniger egal, er kam ja von seiner eigenen Frau und würde schon passen, meinte er.

Wir hatten inzwischen die Anfragen verschiedener Veranstalter durchgekaut und einigen auch zugesagt. Ich musste die Termine mit meinen Prüfungen koordinieren, aber auch mit den Proben. In meiner Freizeit zwischen Schule, Auslagen dekorieren und kleineren Jobs spielte, komponierte und textete ich für unser Duo neue Songs.

Stießen nach der turbulenten Autogrammstunde im Passage-Kaufhaus auf ihren Erfolg an: W. Ambros, Eric, Waterloo und Robinson (von links). Photo: Harrer

STEYR. **In bester Laune zeigten sich Jack Grunsky, „Waterloo & Robinson" und Heinrich Walcher bei ihrer Autogrammstunde letzten Samstag im Steyrer Gerngross-Kaufhaus. Bekanntlich traten sie in der Eisenstadt im Rahmen eines Monsterfolkkonzertes unter Patronanz des TAGBLATTES auf.**

Attraktion in Schärding: Trixi Schuba im Sporthaus Mayer

Eine besondere Überraschung für die sportbegeisterte Jugend von Schärding war am Freitag, den 28. April der Besuch der bekannten Weltmeisterin und Olympiasiegerin von Sapporo, Trixi Schuba, die zur Eröffnung des Sportgeschäftes Mayer, auf Einladung des Besitzerehepaares Franz und Monika Bruneder, nach Schärding gekommen war. Trixi Schuba, die von den Linzer Schlagerstars Waterloo & Robinson begleitet wurde, entstieg — mit einem grünen, bestickten Hosenanzug bekleidet — wenn auch etwas verspätet, dem Wagen und zwar zu einer Zeit, als sich vor dem Sportgeschäft Mayer am Stadtplatz schon eine große Menge begeisterter Jugendlicher eingefunden hatte, deren vorderste Front sich die Nasen an der Schaufensterscheiben plattdrückten.

Vor dem Sportgeschäft begrüßte Franz Bruneder, Sportlehrer und geprüfter Skilehrer, der durch seine Qualifizierung insbesondere die fachliche Beratung der Kunden übernimmt, mit einem Strauß Rosen die Weltmeisterin und Olympiasiegerin, während die Polizei versuchte, einen Weg zum Eingang des Geschäftes freizubekommen. Im Inneren des Sportgeschäftes hatten es sich die „Hohen Herren" von Schärding nicht nehmen lassen, die Gäste zu begrüßen.

Bürgermeister Wöhl und Vizebürgermeister Hasenöhrl meinten in ihren Begrüßungsworten, daß es für die Stadt eine große Freude sei, eine so berühmte und vorbildliche Sportlerin innerhalb ihrer Mauern begrüßen zu dürfen. Mit einem Stamperl Schnaps, das auch die Sportlerin nicht verschmähte, wurde vorerst einmal auf das Wohl der Gäste angestoßen.

Bürgermeister und Vizebürgermeister waren dann auch die ersten „Autogrammjäger", die den anstrengenden Nachmittag für Trixi Schuba und Waterloo & Robinson einleiteten.

Vorerst aber stärkte man sich noch mit einer echt Innviertler Speckjause und mit dem vorzüglichen Most, den der Besitzer des Sportgeschäftes, Franz Bruneder, extra für diesen Anlaß von einer Mosttour mitgebracht hatte.

In dem neueröffneten und modern gestalteten Sportgeschäft am Schärdinger Stadtplatz, inmitten von Sportpullovern, Sportschuhen, Bademoden, Tennisartikel und Bergausrüstungen gaben dann Trixi Schuba und die beiden Schlagerstars aus Linz, Waterloo & Robinson einige hundert Autogramme an die zahlreich gekommenen Schärdinger.

Das Gedränge um die begehrten Unterschriften war vor dem Geschäft und im Geschäft beängstigend, so daß auch hier ein Wachebeamter für den reibungslosen Ablauf sorgen mußte. Trixi aber war über die Begeisterung und über die Anzahl ihrer Fans begeistert.

Am Ende der Autogrammstunden nahm Trixi Schuba die Ziehung der Gewinner des großen Gewinnspieles vor, das anläßlich der Eröffnung des Sporthauses durchgeführt wurde. Es wurden insgesamt 26 Preise, Fußballschuhe, Skibindungen und dgl., im Wert von 10.000 Schilling verlost.

Das Schuhgeschäft Mayer hat nun mit der Eröffnung des Sportgeschäftes eine wesentliche Erweiterung seines Verkaufsangebotes vorgenommen. Erhält man im Schuhgeschäft Mayer, Ecke Stadtplatz 40—42, Schuhe aller führenden europäischen Schuherzeuger, so findet man nun im modern gestalteten Sportgeschäft eine Vielzahl von Sportgeräten und die für den modebewußten Sportler und für die Ausübung des Sports notwendige Sportbekleid[...] ders wichtig aber beim [...] Sportartikel ist die sa[...] ratung durch einen Fach[...] besonders dafür ist im S[...] Mayer bestens geso[...] Bruneder, ehemaliger [...] und geprüfter Skilehrer.

Auch zwei junge Köche hatten sich zur Autogrammstunde bei Trixi e[...]

Nach der Ankunft am Schärdinger Stadtplatz: Trixi Schuba, von Waterloo & Robinson in die Mitte genommen, rechts der Besitzer des Sporthauses Franz Bruneder.

Kleine Pause während des Autogrammgebens. Waterloo & Robin[...] der Most.

Und zwar der damaligen Zeit entsprechend folkloristische Lieder mit ernsten Texten, wie: „Hunger, Hass und Tod“ oder „Weichenstellers Pflicht“ und „Du kannst sehn“. Ich schrieb einige deutsche Texte für Lieder von Simon and Garfunkel, wie z. B. „Sound of Silence“. Bei mir hieß das „Du bestehst und Asche lebt“. Das waren auch die Songs, die wir anfangs bei den Veranstaltungen nur zu zweit und life spielten. Auch das ominöse „Heya“ war im Programm.

Samstag, 20. Juni 1970 TAGESSPIEGEL

Der „Pfeifer“ Reinhard Mey reitet auf der Erfolgswelle

Meister des deutschen Chansons profitiert vom Publikumskontakt

LINZ. **„Ich ritt aus San Alfredo im letzten Tageslicht, oder war es aus El Paso, so genau weiß ich das nicht. Seit vierzig Tagen, vierzig Nächten war ich auf der Flucht, in jedem Ort stand mein Name, drunter stand: ‚Gesucht‘.“ Sein Name stand an jeder Plakatwand, drunter stand zwar nicht „Gesucht“, aber sehr gefragt scheint Deutschlands Chansonnier Nummer eins, der Berliner Reinhard Mey, zur Zeit in Österreich zu sein. Randvoll ausverkauft war jedenfalls Donnerstag abend der Kongreßsaal der Arbeiterkammer.**

Nicht nur die zitierte „Ballade vom Pfeifer“ wurde begeistert akklamiert, der zweite Linzer Auftritt des Wahlparisers war im ganzen gesehen ein Erfolg. Die sympathische Art Meys kommt bei jedem Publikum sofort an. Der Kontakt ist schnell hergestellt. Das Programm bringt für das Linzer Publikum fast durchwegs bereits bekannte und beliebte Nummern.

Reinhard Mey ist einer der wenigen Sänger, das Wort Star scheint für den „Antistar“ Mey nicht angebracht, deren Lieder Popularität erlangt haben, ohne daß es Schallplattenaufnahmen davon gibt. Reinhard Mey braucht in Linz nicht vorgestellt zu werden. Er wurde auch vom Publikum als guter Bekannter begrüßt.

Als Vorprogramm stellten sich Waterloo und Robinson vor. Hinter den Phantasienamen verbergen sich zwei Linzer. Hansi Kreuzmayr, Chef der Urfahrer Boutique „Eclisse“, und der Kunststudent Heinz Krassnitzer wollen Anfang Juli zu Plattenaufnahmen nach Deutschland. Begleitet wurden die beiden von zwei Mann der „Popcorns“ und einem Gitarristen. Wenn sie geschickte Arrangeure finden, könnte das Ergebnis der Aufnahmen interessant werden.

Was sich nur mit Gitarrenbegleitung und Stimme herausholen läßt, demonstrierte Reinhard Mey. Für sein Linzer Gastspiel hatte er seiner Gitarre neue Saiten gegönnt. Er profitiert vom persönlichen Kontakt mit seinem Publikum.

Bei einem Besuch beim TAGBLATT gesteht Reinhard Mey, daß ihn die Zunft der Gutenbergjünger fasziniert. Ein Lied in diesem Milieu schwebt ihm vor. Ungewöhnliches Hobby: Wenn er nicht komponiert, webt der Berliner auf dem Webstuhl seiner Mutter. Das Band seiner Gitarre ist eines seiner Werke. Der Donnerstagabend brachte eine Begegnung mit einem vielversprechenden jungen Mann, der zwar „wie Orpheus singen will“, der seinem Publikum aber als Reinhard Mey voll und ganz genügt. gehö.

„Waterloo“ Hansi Kreuzmayr, Reinhard Mey und „Robinson“ Heinz Krassnitzer (von links nach rechts).

Der Brief aus Wien!

An „Waterloo und Robinson"
Sehr geehrte Frau Kreuzmayr!
Der ORF in Wien würde gerne die beiden Herren Waterloo und Robinson ...

Da stand es schwarz auf weiß! Wir sollten bei der Talente-70-Show mit dabei sein!
Die Probentermine mit dem Orchester, das Hotel und ... und ... und ... und noch dazu, es gab eine Gage! Wir waren sprachlos, als Marianne uns diesen Brief vorlas. Beide waren wir gerade in der Boutique beschäftigt, ich mit der neuen Auslagengestaltung und er mit Staubsaugen. Sie stand plötzlich da.

„Ich hab mir gedacht", sagte sie freudestrahlend, „das wird euch sicher interessieren und bin gleich losgfahrn. Komm doch heut am Abend zu uns und nimm die Herta mit", sagte sie in einem extrem freundlichen Ton. Im Moment wusste ich nicht, was ich darauf sagen sollte.
„Ich hab noch was zu erledigen in der Stadt und i tät sagn so um sieben, wann dir das recht ist? Was meinst du Hansi?"
„Sieben wird schon passen, Mausi!"
Dabei wollten wir nach unserer Arbeit auf eine „Haße" und ein Bier gehen! Zur Feier des Tages.
„Was sagst du dazu", fragte ich den sich am Staubsauger-Rohr festhaltenden und seiner Frau nachblickenden Hans.
„Jetzt war sie aber schnell weg", gab er sich verdutzt!
„Wenn das alles stimmt", sagte ich, „dann haben wir noch viel Arbeit! Wann ist der Termin?"

„Ich hab net so aufgepasst! Das ist alles so schnell gangen. Aber am Abend wird sie es uns schon sagn."

Hans, Inge, seine Verkäuferin und ich standen vor den fertig dekorierten Auslagen. Um ein paar Kleinigkeiten gab es einen Disput. Es ging um Beleuchtung und Accessoires, die man noch unterbringen könnte. Beide wussten, dass ich der größte Verächter vollgestopfter Fenster bin.
„Wenn wir um sieben bei dir sein sollen, dann sollten wir allmählich Schluss machen", mischte ich mich in die eher sinnlose Diskussion.
„Schaut doch gut aus", lieferte Inge das letzte Wort und Hansi nickte zufrieden.
„Also, dann treffen wir uns um sieben", sagt er noch.
Ich packte meine Sachen und verabschiedete mich. In der ganzen Hektik hatte ich vergessen, Hansi um einen kleinen Vorschuss zwecks meiner Strafzetteln zu fragen. Nachdem Herta auch noch nichts davon wusste, wäre heute Abend sicher der richtige Zeitpunkt für eine solche Aussprache, bevor es noch teurer wird, dachte ich mir.
Er selbst kam von sich aus nicht auf die Idee, mich zu entlohnen. Es ging einfach alles immer ein bisschen schnell.
Kurz nach sieben trafen wir ein. Die Hundedame Uschi begrüßte uns am Zaun, kläffend und den ganzen Garten ablaufend, sodass ein Läuten überflüssig war. Der Schwiegervater, der in der Garage gerade an seinem Wagen herumbastelte, beschimpfte den aufgeregten Hund in tschechischer Sprache.
Herta und ich redeten dem Hund gut zu, um ihn zu beruhigen, bis sich einer der beiden Kreuzmayrs herausbemühte, um uns das Tor aufzumachen. Völlig aufgelöst und eupho-

risch kam Marianne, schnappte sich den kleinen Kläffer und mit den Worten: „Der Hansi telefoniert grad mit dem ORF wegen euerm Auftritt! Kommts doch rein“, sperrte sie das Tor auf. Plötzlich ein Schrei!
„Michaela! Wo bist du?“
Wir schauten uns an. Marianne nochmals. Diesmal noch lauter: „Miiichaeela!“
Da kam sie, einen kleinen Puppenwagen schiebend, hinterm Haus hervor: „Mama?“
„Das Gsindel rundherum, man kann net genug aufpassn!“
Herta: „Da hast recht!“
Marianne: „Wann ist es denn bei euch soweit?“
„Überlegt haben wir schon, aber du weißt ja eh ...“, antwortete Herta fast entschuldigend.
„Gehn wir rein“, sagte ich, „der Hansi wird sicher schon wartn.“
Da kam er uns auch schon entgegen. Noch aufgeregter als seine Frau und mit den Händen winkend sprudelte er hervor:
„Was ich jetzt erlebt hab! Ich kann euch das gar net sagn!“
„Sags schon“, unterbrach ihn Marianne.
„Das könnts euch gar nicht vorstelln! Zwanzig Auftritte! In ganz Österreich und alle werden im Radio übertragn! Wisst`s ihr was das bedeutet? Sepp! Kannst du dir das vorstelln?“
„Mit wem hast du gredet“, fragte Marianne.
„Mit der Frau Kaiser. Die hat eine Stimm, sag ich dir, da rinnt`s dir kalt übern Buckel.“
„Ist sie jung?“ Blick und Stimme wurden plötzlich schärfer.
„Keine Ahnung, ich kenn sie doch nicht!“ Entschuldigend blickte er sie an.
„Zwanzig?“, warf ich ein.
„Stell dir das vor“, sagte er lächelnd. Die Frage seiner Frau

hatte er sofort vergessen. So begeistert war er über die positive Nachricht aus Wien.
„Wir sollen nächste Woche bei Eva Maria Kaiser in ihrer Sendung ein Interview geben, wegen der Talent Show!"
Zu seiner Frau gewandt: „Und du sollst sie anrufn."
Er war sichtlich vom Erfolg seines Telefonates überrascht und auch vom Umstand, ihr in dieser Angelegenheit überlegen gewesen zu sein.
„Ja, ja, ich mach das schon, machts euch keine Sorgen."
„Weiß man schon, wann das sein soll, ich hab nämlich nächste Wochn a bissl was für die Schule zu tun", fragte ich nach.
„Die Marianne soll das ausmachn, sie ist ja unsre Managerin!"
„Ha, ha, eh klar! Jetzt komm ich dran", und sie lächelte.
Es kam mir vor, als würde ihr so ein kleines Hick Hack Spaß machen.
„So, und jetzt gehen wir endlich rein", drängte sie.
Die dreijährige Tochter Michaela, die ihre Aufmerksamkeit erwecken wollte, kurvte inzwischen mit ihrem Puppenwagen zwischen unseren Beinen herum und Uschi kläffte von Mariannes Arm herab das laufende Mädchen an.
Bei dem gewaltigen Schrei: „Schau, dass du rein kommst, sonst ...", verzog sich das kleine Mädchen mit seinem Puppenwagen weinend und erschrocken, rückwärts gehend, in den Eingangsbereich. Mariannes gleichzeitiges Lächeln machte mir ein bisschen Angst.
„Sie wollte ja nur ein wenig Aufmerksamkeit", mischte ich mich ein und mir war gar nicht wohl dabei, als ich dies sagte.
„Wart ab, bis du selber welche hast", schnappte sie zurück,

das aufgesetzte Lächeln hatte sich in ihr Gesicht eingefroren. Hansi und Herta beobachteten wortlos die kleine Konversation.
„Gehn wir rein, die Nachbarn schaun schon“, sagte Hans. Sein Schwiegervater kam gerade aus der Garage und reinigte seine Hände in einem verschmierten Tuch. Kopfschüttelnd und mit seinem tschechischen Akzent meinte er: „Wollt ihr uns alle in`s Grab bringen?“
„Aber Herr Fribes“, sagte ich nun auch lächelnd. Und Hansi noch drauf: „Opa! Du weißt ja, um die Zeit is die Kleine immer lästig und sie ghört in`s Bett!“
Er war ein meist freundlicher, bisweilen aber auch ein wenig mürrischer alter Herr, seit ich ihn kannte. Seine Frau bekam ich nur sporadisch zu Gesicht. Nachdem mir Marianne die Lebensgeschichte der beiden erzählt hatte und unter welchen schwierigen Umständen sie ihre Heimat verlassen mussten, wurde mir einiges klar.

Ein Ara war inzwischen in Kreuzmayrs Behausung eingezogen. Mit lautem Geschrei begrüßte uns der Vogel und mein erster Kontakt mit dem Papagei war ein kräftiger Biss in meinen Daumen. Jetzt konnte ich auch die beiden Herrschaften im oberen Stockwerk verstehen!

Während Marianne ihre Tochter zu Bett brachte, machten wir es uns im Wohnzimmer gemütlich. Hansi bewirtete uns mit einer kleinen Jause und dem dazugehörigen Getränk. Wir plauderten und scherzten. Doch im Hinterkopf machten wir uns Gedanken über die bevorstehenden Termine. Da tänzelte Marianne herein.
„Was sagts zum Papagei? Ist er nicht lieb?“

Ich zeigte meinen Daumen, den ich mit einem jetzt bereits blutdurchtränkten Papiertaschentuch notdürftig eingebunden hatte. Sie vertiefte sich in ein Zwiegespräch mit dem Tier.
„Wie ich seh“, sagte sie, „habt ihr schon was zu essen und zu trinken!“ Sie drehte sich um.
„Dann komm ich gleich zum Wesentlichen!“

Sie erzählte von ihren Telefonaten mit Agenturen und Veranstaltern. Von Zeltfesten und kleineren Auftritten in Gasthäusern und Diskotheken.
Und fragte uns, ob wir das überhaupt wollten! So nebenbei fiel ihr Blick auf mich: „Was ist denn mit deinem Daumen passiert?“
„Nix!“

Silvester mit Jack Grunsky in St. Johann/Tirol

Was sollte ich in diesem Moment auch anderes sagen. Ich sagte: „Nix!“
Solche Auftritte abzuschließen wäre für uns wichtig, meinte sie noch. Wir stimmten zu.

Argentinierstraße 30 A – ORF

Der Termin im Wiener Funkhaus war für 13:00 Uhr angesetzt. Um 12:00 Uhr parkten wir vor dem Funkhaus ein. Der Parkwächter, ein freundlicher Wiener, zeigte uns den Weg und wünschte viel Glück. Der Portier im Erdgeschoß begleitete

LINZ. „Gut aufgelegt“ zeigte sich Samstag vormittag Eva Maria Kaiser (Ö 3), als sie der „Boutique eclisse“ in Linz einen Besuch abstattete. Ihr Interesse galt aber weniger den Modeneuheiten, als dem Linzer Gesangsduo „Waterloo und Robinson“. „Waterloo“ Kreuzmayr ist bekanntlich Chef der Boutique. Nachwuchsförderin Eva Maria nahm die beiden unter die Lupe und anschließend unter ihre Fittiche. Im Dezember wurden bereits Aufnahmetermine mit Kapellmeister Ernst Kugler fixiert, die „Waterloo und Robinson“ via Ö 3 den Durchbruch ermöglichen sollen.

uns Neuankömmlinge in die Kantine und sagte, wir sollen auf den Redakteur warten.
Auf dem Weg durch die Stadt hatten wir Rosen für Eva Maria Kaiser gekauft. Jetzt saßen wir wartend und angespannt mitsamt den Rosen am Tisch und beobachteten das Treiben in dieser Kantine. Wir fragten uns, wer wird wohl wichtiger sein, der da drüben mit dem schwarzen Anzug oder der, der gerade mit seinem Tablett mit Schnitzel und Wein einen Platz sucht.
Da klopfte ein freundlicher, sympathischer Herr auf unseren Tisch und fragte, ob er sich zu uns setzen dürfe. Is eh klar! Hansi Spontan!
„Bitte“, sagte ich, „wir haben Platz genug!“
Er stellte sich uns vor: „Peter Machatsch, ich mach die Jugendsendungen im Haus. Von wo seid ihr?“
Wir stellten uns zuerst unter unserem bügerlichen Namen vor und dass wir aus Linz kämen. Unser Künstlername wäre „Waterloo und Robinson“ und dass wir bei Eva Maria Kaiser ein Interview hätten, um 13:00 Uhr. Dann auch noch, dass wir bei der Talente-70-Show dabei wären.
„Das trifft sich ja gut“, meinte er, „ich moderiere diese Veranstaltungen.“
Irgendwie war ein Draht zwischen uns vorhanden, ich spürte eine Verbindung zwischen uns und war heilfroh, schon einen ersten Kontakt geschaffen zu haben. Wir hatten noch ein bisschen Zeit und so erzählten wir ihm von unserem Werdegang.
Er fing laut zu lachen an und wir drehten uns um, denn die in der Kantine sitzenden Leute blickten alle zu unserem Tisch. Haben wir was Falsches gesagt?
„Burschen! Das ist eine super Story!“, er konnte sich vor La-

chen nicht mehr halten. „Die Geschichte mit der Baderöffnung ist der absolute Hammer!“ Er lachte weiter.
„Diese Story müssen wir unbedingt in die Moderation einbauen“, sagte er, noch immer lächelnd.
Kurz vor 13:00 Uhr wurden wir abgeholt. Wir verabschiedeten uns von Peter Machatsch, der uns während des kurzen Zusammenseins das Du-Wort angeboten hatte. Stolz gingen wir hinter dem Redakteur in Richtung Studio.
Begeistert von dem ganzen technischen Aufwand, den wir hier zu sehen bekamen, standen wir vor Frau Eva Marias Tür. Der Redakteur meldete uns an und eine dunkle Frauenstimme bat uns, einzutreten.

Hansi hielt die Rosen nach unten geneigt. Die Blüten hatten an Wand und Türrahmen gewetzt und ich bemerkte, dass einige bereits abgeknickt waren und herabfielen. Ich griff nach seiner Hand und drückte sie nach oben, um Schlimmeres zu verhüten. Es sollten ja wenigstens einige Rosenknospen gerettet werden.
„Na, wo sind die Provinzler“, klang es lautstark aus dem Raum. Eine Frau saß hinter einem Mischpult.
Im Wiener Slang kommandierend, ging es weiter: „Nehmts Platz und gebts das Gstaudara,“ damit meinte sie die Rosen, „ins Wasser. Gustl ...“, sie blickte zu jenem Herrn, der uns hierher gebracht hatte, „... im Raucherkammerl steht eine Vase. Hol sie herein ... Und jetzt haltet ein bissel euer ‚Goschal‘, ich bin gleich fertig.“
Rotlicht. Der Klang ihrer Stimme übers Mikrofon war wunderbar. Einschmeichelnd ehrlich, keine Spur von Dialekt!
„Wie kann man sich nur so verstelln“, dachte ich mir.
Hansis Gesichtsausdruck sagten mehr als tausend Worte! Vor ihm saß eine in die Jahre gekommene Frau! Er, mit dem Strauß, an dem immer mehr Blüten abfielen, wahrscheinlich auch ausgelöst durch das starke Schwitzen seiner Hände. Seine Fantasie hatte ihm etwas gänzlich Anderes vorgegaukelt. Sie empfing uns freundlich, sogar herzlich, und machte uns klar, dass wir bei der Geburtsstunde eines neuen Senders des ORF dabei waren. Dieser Sender war Ö3.

„Nach der Sendung stell ich euch ein paar wichtige Leut vor! Aber jetzt fang ma erst einmal an!“
Im Laufe unserer Zusammenarbeit lernten wir die Pioniere von Ö3 kennen. Gegen alle Widerstände, denn die gab es, hoben sie ein Radioprogramm für junge Hörer aus der Tau-

fe. Eines mit junger Musik und innovativen Sprechern und Redakteuren. Mit Themen, die vor allem junge Leute interessierten. Die Aufbruchstimmung war spürbar. Es hieß: Auf zu neuen Ufern.

Wiener Konzerthaus

Ernst Kugler, Chef des Österreichischen Rundfunkorchesters, war für die musikalische Abwicklung der Talente-70-Show verantwortlich. Er bestimmte die Probentermine und den musikalischen Ablauf.
Mein Lied „Du kannst sehn" wurde mit dem Rundfunkorchester im Senderaum des ORF produziert! Ich war stolz auf mich! Und ich war stolz auf die Zusammenarbeit mit meinem Partner Hans.
Dann kam der Live-Auftritt. Wie bereits am Kantinentisch angekündigt, führte Peter Machatsch als Moderator des Konzerts durch den Abend. Seine Ankündigung nahm alle Ängste von mir.
Unser Outfit erregte im Publikum leichtes Aufsehen. Wir dürften damit genau den Zeitgeist getroffen und den Drang nach Freiheit und Unabhängigkeit ausgedrückt haben.
Das Zusammenspiel mit dem Orchester, das ganze Flair, die Leute, die im Zuschauerraum gespannt auf einen Fehler warteten, das alles ging in meinem Kopf herum, ich hatte, mit einem Wort, ziemliches Lampenfieber.
Als wir dann auf der Bühne standen, fühlte ich mich plötzlich frei und leicht. Ich sagte, was zu sagen war. Nicht mehr und nicht weniger. Dass wir als Sieger aus diesem Wettbewerb hervorgingen, machte mich als Komponisten und Tex-

ter besonders stolz. Die österreichische Presse und sämtliche Musikzeitschriften wurden auf uns aufmerksam und schrieben Lobeshymnen.

So tourten wir durch ganz Österreich und gewannen viele Freunde und Fans, die sowohl unsere Musik wie auch die Aussagen der Texte in ihr Herz schlossen.

ORF Fernseh-

16.55

IN FARBE

Spotlight

Brandneu, aber laut Versicherung von Peter Rapp ganz hervorragend: Waterloo und Robinson aus Linz. Der ›Spotlight‹ - Präsentator lernte sie kennen bei Grissemann. Mit zwei Ausschnitten ihres Films ›Let it be‹ werden die Beatles Stargäste bei Peter Rapp sein. Weitere Beiträge bringen: Jimmy Cliff, ›Los Muchachos‹ (USA) und die Wiener Gruppe Golem

Erste Plattenfirma "Amadeo"

Die in Wien ansässige Plattenfirma „Amadeo" wurde auf uns aufmerksam und nahm uns unter Vertrag. Wir lernten den Produzenten Peter Müller kennen, mit dem wir jahrelang arbeiteten. Meine Lieder „Du kannst sehn" und „Junge Liebe" wurden im Studio aufgenommen und unter dem hauseigenen Label „ATOM" als Single veröffentlicht.
Wolfgang Ambros produzierte zur selben Zeit dort seine erste Single „Da Hofa". Im Laufe der Zusammenarbeit mit Peter Müller lernten wir sämtliche Szene-Musiker, die in waren oder berühmt werden wollten, kennen! Wir hatten mit unserer ersten Single in Österreich einen gewissen Achtungserfolg erreicht und es wurde eine Nachfolgesingle produziert - „Lilis Haus".
Mit im Studio waren die „Milestones" als Chor, sowie Christian Kolonovits, Kurt Haunstein, der „Supermax", Wili Resetarits oder „Ostbahnkurti" und viele Musiker aus der Szene, die uns unterstützten. Unermüdlich tingelten wir von Auftritt zu Auftritt. Es gab in dieser Zeit kein österreichisches Dorf oder keine Stadt, in der wir nicht waren. Der Fankreis wurde immer größer und Marianne immer erfolgsverwöhnter.
Durch Peter Müller traten wir in Kontakt mit Christian Kolonovits, den wir zwar als Musiker kannten, aber nicht als Komponisten. Wir besuchten ihn in seiner Wohnung am Praterstern. Es war eine Einzimmerwohnung, aber ziemlich groß und mit schwarzer Farbe ausgemalt. Auch die Bettbezüge und das Leintuch waren schwarz. Mitten im Raum stand ein Flügel und bei diesem waren die weißen Tasten nicht zu übersehen. Er hatte damals eine schwarze Phase.

Wir plauderten und berichteten von unseren Tourerlebnissen, tranken Tee und rauchten unseren ersten Joint. Christian Kolonovits kam aus dem Burgenland und dies war seine erste Wohnung in Wien. Seine flippige Art, die immer von einem Lächeln begleitet war, machte ihn interessant und sympathisch.

Er sollte etwas für uns komponieren, wir wollten mit ihm zusammenarbeiten und erzählten ihm von unseren Vorhaben.

„So etwas wie ‚Bridge over troubled water' von Simon und Garfunkel", wünschte ich mir, „das wäre unsere Richtung."

Hansi nickte zustimmend und hatte ein komisches Lächeln aufgesetzt.

„Was hat er denn?" Christian schaute mich fragend an.

„Ich glaub, der Rauch!"

„Ah geh, wegen so an kleinen Tschick!"

Mir war auch nicht ganz gut, irgendwie hatte ich ebenfalls ein leichtes Schwindelgefühl. Christian setzte sich an sein Klavier und ratterte die Tasten rauf und runter. Nach einer kurzen Pause spielte er ‚Bridge over troubled water' so gefühlvoll und leicht, dass es mir kalt über den Rücken lief. Er drehte sich zu uns um.

„Die Idee gfällt mir, Burschn, da wird mir sicher was einfalln! Sobald ich was Greifbares hab, werd ich mich bei euch melden!"

Wir unterhielten uns noch ein wenig und verabschiedeten uns dann.

„Fahrts jetzt nach Linz?", rief er uns noch nach.

„Ja", hallte es im Stiegenhaus zurück.

„Dann kommts gut heim", klang es von oben retour.

„Das ist ein Superbursch", meinte Hansi, während wir die Stufen im Laufschritt übersprangen.

„Ich glaub, da sind wir am richtigen Weg", gab ich leicht schnaufend zurück.

"Baby Blue"

Unser Plattenboss, Stephan von Friedberg oder ‚graue Eminenz', wie er in der Branche bezeichnet wurde, holte uns zwecks einer wichtigen Besprechung nach Wien. Marianne konnte uns nichts dazu sagen, nur, dass es wichtig sei. An einem schönen, heißen Badetag fuhren wir zu dritt in Hansis Wagen in Richtung Wien.

Es kam keine richtige Stimmung auf und es wurde auch nicht viel geredet. Jeder war mit sich selbst beschäftigt. Ein kühles Bad in einem See wäre uns lieber gewesen als die Fahrt im heißen Auto.
„Das wundert mich", sagte ich, die Stille unterbrechend, „heute ist Freitag und sie hören mittags auf. Was kann denn da so wichtig sein?"
Ich sah ein Achselzucken, aber es kam keine Antwort.

Wir bogen in die untere Donaustraße ein und fanden einen Parkplatz direkt vorm Eingang der Firma. Leicht verschwitzt und müde entstiegen wir dem Fahrzeug.
„Ich trink denen die ganze Wasserleitung leer, so einen Durst hab ich", scherzte Hans.
„Lass mir einen kleinen Schluck übrig", meldete ich. Trotz der Hitze konnten wir schon wieder lachen.
Die Empfangsdame mit knallrot gefärbtem Haar und tief ausgeschnittenem Dekolleté sprang auf, als wir eintraten.

Sie grinste über das ganze Gesicht, stellte sich vor und bot uns Kaffee an.
„Bitte zuerst einen Schluck Wasser, dann gern." „Nehmt doch Platz", antwortete die freundliche Dame, „ich werde mich um euch kümmern, solange der Chef noch zu tun hat."
Ein großer Ventilator blies frische Luft in unsere Richtung. An der Wand hingen jede Menge ‚Goldene' Schallplatten und viele Poster verschiedener Künstler. Auch von uns beiden war eine Autogrammkarte zwischen all den anderen aufgehängt.
„Die müssten wir noch unterschreiben", sagte Hans. Mein suchender Blick entdeckte einen Filzschreiber am Schreibtisch der Sekretärin.
Ich wollte gerade aufstehen, da kam sie mit einem Tablett aus der Gästeküche. Es war alles dabei! Kaffee, Kekse und Wasser.
„Oder wollen Sie etwas Anderes zum Trinken?", fragte sie in der gebückten Abstellhaltung, sodass man ihre frei hängenden Brüste in der Bluse sehen konnte. Ein kleines Grinsen zwischen uns beiden! Marianne war es egal.
Mit dem zufriedenen Seufzer: „Das war gut", stellte sie ein leeres Glas ab.
„Machen wir das nachher", sagte ich.
„Was machen wir nachher?", fragte Hans.
„Die Karten unterschreiben", meinte ich und zeigte mit dem Finger auf die Autogrammkarte.
„Machts das nachher, bevor wir gehen", mischte sich Marianne ein.
Die Bürotüre des Herrn von Friedberg öffnete sich und einige Damen und Herren kamen freudestrahlend und tau-

sendmal dankesagend heraus. Hinter dieser Delegation, in grauem Pulli, Hemd und Krawatte, stand unser Plattenboss in der Tür, während er mit den Leuten weiter redete.
„Auf Wiederschaun“, murmelten auch wir.
Freundlich nickend marschierten sie an uns vorbei. Von Friedberg sah uns und winkte einladend.

„Nehmt euren Kaffee ruhig mit, wir haben genug Platz in unserem bescheidenen Heim“, er ging zur Sekretärin, während wir uns in seinem Büro niederließen. Durch die offene Türe konnte man hören, dass er die Sekretärin damit beauftragte, etwas zu holen. Später sollte sie mit Notizblock und Schreibzeug zu uns stoßen.
„Mach ich sofort, Herr von Friedberg“, ihre Stimme klang ernster als zuvor.

Dann schwang sich die graue Eminenz ins Büro und schloss die Türe. Wir begrüßten uns höflich und er bedauerte die kurze Verzögerung. Er setzte sich zu Marianne und fing an, unser Schicksal zu entscheiden. Hans und ich saßen da und konnten bloß einige Brocken aufschnappen, so geheimnisvoll verlief dieses Gespräch.
Einige Antworten Mariannes konnten wir allerdings deutlich verstehen.
„...Und wenn den beiden das gefällt?“
„... Mit Schnulzen werden wir ein Problem kriegen ...“
Hans und mir wurde schon ganz eigen zumute. Hinter vorgehaltener Hand flüsterte ich Hansi ins Ohr: „Um was geht es denn da eigentlich? Warum werdn wir nicht gfragt?“
Jetzt aber wendete sich Herr von Friedberg zu uns.
„So, meine Herrn! Ich habe mit Ihrer Gattin Herr Kreuz-

mayr, und Ihrer beider Managerin, einige sachliche Dinge besprochen." Er sah uns jetzt beide abwechselnd an.
„Es geht hier um eine internationale Produktion, die ich mir mit euch beiden Herren vorstellen könnte." Sein Deutsch war praktisch akzentfrei. Er ist halt ein „von", dachte ich mir. Egal! Wir wurden hellhörig!

Dann begann er zu erzählen, an welchen Komponisten und Musiker er für uns dachte und welche Erfolge dieser Herr am internationalen Plattenmarkt bereits erzielt hatte. Wir erfuhren, dass er Holländer sei und mit bürgerlichem Namen Hans Bouwens hieß. Der Künstlername war „Georg Backer" und mit seiner Band „Georg Backer Selection" war er am internationalen Markt mit Platten und Tourneen erfolgreich unterwegs.
„Ich habe bei meiner letzten Tagung in Holland mit George Baker über euch gesprochen und ihn auf euch aufmerksam gemacht", sagte Herr Friedberg leicht überheblich, aber nicht abwertend zu uns.
„George Baker meinte, er hätte ein Lied! Dieses Lied wäre bei seiner Plattenproduktion nur als B-Seite vorgesehen und es wäre eine Schande, dieses Lied nur als B-Seite mitzuverkaufen. Wenn ich die richtigen Interpreten dafür habe, kann er fast für einen internationalen Hit garantieren.
Und aus diesem Grund, meine Herren, habe ich euch heute zu mir bestellt", sagte er beinahe andächtig.
„Der Titel heißt ‚Baby Blue' und ich habe die originalen Studiobänder bekommen. Es liegt jetzt in Ihrem Ermessen, ja oder nein zu sagen. Bis dato hat mich mein Gespür für verkaufsfähige Produktionen noch nie enttäuscht. Und wenn Sie wollen ...", er blickte uns fragend wie ein Lehrer an.

„Anhören", sagte ich.
Auch die beiden Kreuzmayrs: „Ja, anhörn!"
Er griff zum Hörer und beauftragte seine Sekretärin, die notwendigen Unterlagen zu bringen. Ein leichtes Klopfen an der Bürotüre und ein bestimmendes „Ja, kommen Sie schon herein", sagte mir, dieser Mann weiß, was er will!
Sie legte einige schriftliche Unterlagen und ein Tonband auf den Tisch und setzte sich neben uns. Mit dem Schreibblock auf ihren Oberschenkeln wartete sie auf Anweisungen ihres Chefs und blickte in unsere Runde.
Friedberg versuchte, die Spule an der Bandmaschine anzubringen, doch irgendwie konnte er die Befestigungsmechanik nicht richtig fixieren. Sein leises Fluchen ermächtigte mich, ihm zu helfen. Knopfdruck auf Play und „Baby Blue". Schon die ersten Takte trieben mich auf meinen Sessel zurück. Mein Gefühl beim Zwiegespräch Marianne - Friedberg hatte mich nicht getrogen - von wegen Schnulze und so! Aber dass es so schlimm kommen würde, hatte ich mir nicht gedacht. Während der Titel lief, beobachtete ich Hansis Gesichtsausdruck. Er saß da, die Ellbogen auf den Knien aufgestützt, mit den Händen das Kinn haltend und verzog keine Miene.

„Was denkt er sich bei so einer Schnulze?", fragte ich mich. Marianne wippte leicht im Takt mit. Ich war so mit mir und meinen Eindrücken beschäftigt, dass ich den Schluss des Titels gar nicht mitbekam.
Erst als Herr Friedberg mich fragte, ob ich so nett sei, die Stoptaste zu drücken, sprang ich auf: „Sehr gern!"
„Und jetzt bitte nochmals zum Anfang", sagte er.
„Ist das Ihr Ernst?", fragte ich.

„So was muss man mindestens zwei Mal hörn", steuerte Hansi ironisch bei.
„Da haben Sie Recht, Herr Kreuzmayr, und was meinen Sie, gnädige Frau?"
„A typische schöne Tanznummer!"
„Ich glaub, wir wissen, um was es geht. Danke", sagte ich zu Marianne, die genau wusste, dass dieses Lied unseren Geschmacksnerv voll und ganz getroffen haben dürfte.
Die darauf folgende halbe Stunde gehörte ihm! Er redete auf uns ein und versuchte uns von den Möglichkeiten eines Einstiegs in das internationale Showbusiness zu überzeugen. Seine Sekretärin hatte meine Unruhe beobachtet und führte ihren Zeigefinger zum Mund, um mir zu signalisieren, ich solle mich ein bisschen zurückhalten.

Mit einer Kassette im Handgepäck traten wir die Heimreise an. Von Wien bis St. Pölten fiel kein einziges Wort. Diese Stille wurde erst unterbrochen, als Marianne uns fragte, ob wir keinen Hunger hätten.
Erst beim gemeinsamen Toiletten-Gang an der Raststätte kam es zum Gespräch zwischen Hans und mir.
„Wegen so was haben wir den schönen Tag geopfert", sagte ich leicht verärgert.
Er blickt mich ebenso enttäuscht an und sagte: „Eine gewaltige Schnulzn! Aber, vielleicht klingt es anders, wenn wir das singen?"
„Schnulze bleibt Schnulze", meinte ich am Pissoir stehend.
„Horchen wir uns die Kassettn im Auto noch einmal an ...", er bemühte sich, den Reißverschluss seiner engen Lederhose zu schließen.
Der warme Apfelstrudel und ein guter Kaffee verbesserten

die Stimmung und wir fingen wieder zu scherzen an. Die Dame an der Kaffeemaschine nannten wir „Baby Blue", was sie verunsicherte, weil sie nicht wusste, was wir damit meinten. Auch Marianne lächelte, obwohl ihr wahrscheinlich in diesem Moment andere Sachen durch den Kopf gingen. Erst in Ybbs legten wir die Kassette ein und warteten auf das ominöse Intro.
Bis zur Ausfahrt in Traun hörten wir den Titel noch mindestens zehn Mal an und kamen zur Einsicht, dass er für uns keinesfalls der richtige sei. So unser gemeinsamer Tenor.
„Ich weiß nicht, ob nicht der Herr Friedberg genau weiß, was er will", sagte Marianne und wollte uns damit klar machen, dass dies eine Chance für uns wäre!
„Ich mein, zum Verlieren haben wir nix", grinste ich von hinten zwischen den Sitzen nach vorne.
„Hast recht", meinte Hansi und bog in die Straße zu seinem Haus ein.
„Soll ich dir die Kassettn kopiern", fragte er mich noch, während ich schon meinen eigenen Wagen bestieg.
„Willst mich ärgern?"

Es war noch immer sehr warm, obwohl es schon Abend war. Ich wollte den ganzen Tag so schnell wie möglich vergessen. Auf der Heimfahrt machte ich einen kleinen Abstecher zu meinen Eltern, in einen Schrebergarten im grünen Stadtteil von Urfahr. Brüder, Freunde und Eltern saßen nach einigen Bierchen gut gelaunt und scherzend vor der Gartenhütte und empfingen mich freundlich.
„War es heute heiß???"
Ich entledigte mich meiner Kleider und platzierte mich zu ihnen. Das lauwarme Bier aus dem Wasserkübel trank ich

genüsslich. Dann erzählte ich vom Wien-Besuch und über die Möglichkeit, eine Schnulze aufzunehmen, dass ich dies aber nicht machen werde.
„Das tät ich mir gut überlegn“, meinte meine Mutter.
„Du kennst ja das Lied net“, erwiderte ich.
„Ihr müssts an euer Gschäft denken“, mischte sich mein Vater ein. Meine Brüder und die Freunde wurden neugierig.
„Sing es uns vor“, forderte mich mein Bruder auf.
„Ich weiß ja gar nimmer, wie es geht. Ich weiß nur, dass es „Baby Blue“ heißt.“
„Geh, hör auf“, kicherten die anderen, „sing schon!“
„Ich nicht. Fragts den Hans, vielleicht singt er es euch vor!“
Wir plauderten noch eine Weile, dann machte ich mich auf den Heimweg. Auf der Liege hinterm Haus wartete Herta auf mich. Und nun die ganze Geschichte nochmals von vorne. Die Wettervorhersage war gut und wir wollten uns ein gemütliches Wochenende machen.
Ging aber nicht, denn unentwegt standen Bekannte oder Freunde vor der Tür, die uns nur schnell besuchen wollten. Nicht, weil es bei uns so schön und gemütlich war, sondern weil sie über unseren Hochzeitstermin informiert werden wollten. Sie befürchteten, wenn es so weit war, vergessen zu werden.

Unsere Auftritte wurden immer mehr, denn Marianne schickte uns kreuz und quer durch die Lande. Nicht nur die Auftritte, auch unsere Anlagen und Tourfahrzeuge wurden größer und bequemer. Wir reisten mit einem Wohnmobil, das von Sponsoren mitfinanziert wurde.
Nach einem Konzert in Graz wollten wir unbedingt noch weiterfahren, denn der nächste Termin war am Tag darauf

in Vorarlberg bei der Messe in Dornbirn, und dies schon um die Mittagszeit. Es blieb uns nichts anderes übrig als in den sauren Apfel zu beißen und auf die Reise zu gehen. Obwohl wir uns beim Fahren abwechselten, überkam uns bereits in Friedberg, noch in der Steiermark, eine bleierne Müdigkeit. Wir suchten nach einem günstigen Platz, um zumindest ein paar Stunden schlafen zu können. Ein Parkplatz mit Kies und Gartenzaun schien uns genau richtig zu sein. Ein bisschen abseits der Hauptstraße und mit nur wenigen Häusern, die wir in der Dunkelheit schattenhaft ausmachen konnten.
„A ruhiges Platzl", dachte ich mir und gähnte, „gute Nacht!"
„Ma, mi druckts!"

Hansi sprang aus seinem Bett und wollte damit verbal andeuten, dass seine Blase voll war. Aufgeweckt durch seinen Urschrei blickte ich ihm mit einem noch nicht ganz offenen Auge nach. Die linke Hand zwischen den Beinen haltend, mit der rechten den Schiebehebel der zweigeteilten Eingangstür entriegelnd, verließ er das Wohnmobil. Das Aufspringen der Tür und das fast gleichzeitige Plätschern am Kiesbett verriet mir, dass er sich nicht einmal umgeschaut hatte, wo wir eigentlich waren.
Ein wohliges Stöhnen, „Pfah, is das gut", und „länger hätt ich es nicht mehr ausg`haltn", untermalte seine Notlage. Der krönende Abschluss seines Geschäftes war ein erleichternder, aber lauter Furz. Nun war ich hellwach und wollte gerade den Vorhang meines Fensters zur Seite schieben, als ein kräftiger Applaus erklang.
Wir parkten vor einem Gastgarten, in dem sich gerade ein Frühschoppen zu entfalten versuchte. Da die dort bereits

anwesenden Gäste uns beim Schlaf nicht stören wollten, weil sie die Aufschrift unserer Namen am Wohnmobil gelesen hatten, wurde Hansis Auftritt als gelungene Begrüßung anerkannt. Aufgeschreckt und den unteren Flügel der Tür zuschlagend, blickte er mich mit hochrotem Kopf an und schlüpfte blitzartig in seine Jeans.
„Die können gar nicht wissen, wer wir sind", murmelte er entschuldigend.
„Wieso", fragte ich.
„Na, weil der obere Teil der Tür ja zu war."
„Ich hab aber aus dem Fenster gschaut! Das haben sicher die meisten gsehn!" Ich konnte mir ein lautes Lachen nicht verkneifen.
„Mich bringen da keine zehn Pferde mehr raus", jammerte er während des Anziehens.

Ein Klopfen an der Wohnwagentüre unterbrach unsere Unterhaltung. Da ich noch nicht angekleidet war, öffnete ich den oberen Flügel der Tür. Mit zwei Bierkrügen vor den Augen und einer kleinen Gruppe von Leuten, die anfingen ein Lied zu singen, wurde ich überrascht. Es war ein herrlicher Tag, blauer Himmel und kein einziges Wölkchen.
Der Blick auf die Uhr sagte, wenn wir nicht sofort weiterfahren, dann könnten wir Vorarlberg vergessen. Wir waren sowieso schon viel zu spät dran. „Wo ist denn der zweite?"
„Er sitzt gerade in der Badewanne!"
„Echt? In einer Badwann?"
„Hansi bist du schon fertig, dein Typ wird gewünscht!"
„Ich find meine Socken nicht. Hast du sie wo gsehn?"
„Ja", rief ich in den Wagen, „die hast vorm Schlafengehen am Balkon zum Lüften gehängt."

„Seit wann haben wir einen Balkon?“, kam es von hinten zurück. Die ganze Belegschaft vorm Wohnwagen brach in herzliches Gelächter aus.
„Was ist mit einem Bier?“
„ Tut mir Leid, ein andermal. Wir haben noch einen weiten Weg. Hansi fährst du?“
„Fahr du!“
Beim Tankstop, kurz vor Innsbruck, riefen wir beim ORF Vorarlberg an und gaben unsere Position bekannt. Wir müssen euren Auftritt ohnehin um zwei Stunden nach hinten verlegen, denn der ganze Zeitplan hat sich verschoben, teilte uns die Redakteurin aus dem Messezentrum mit.
„Fahrt zuerst ins Hotel, den Plan habt ihr ja und wir holen euch von dort ab.“
Heilfroh über diese Mitteilung radelten wir die restlichen Kilometer ab. Der Auftritt war sensationell und das Publikum forderte Zugaben. Wir spielten unsere regionalen Hits wie „Lilis Haus“ und „Du kannst sehn“ und mussten Unmengen von Autogramme schreiben. Am Retourweg hatten wir noch zwei Auftritte in Tirol.
Wieder zu Hause, legte uns Marianne die nächsten Termine vor. Unter anderem den Studiotermin für die Aufnahmen von „Baby Blue“. Leicht erbost sagte ich: „Das war aber nicht ausgemacht!“
Auch Hans hatte nicht damit gerechnet und blickte seine Frau vorwurfsvoll an.
„Weißt, Mausi, das Ganze ist doch noch gar nicht richtig besprochen!“
Erbost schnautzte sie zurück: „Entweder wollt ihr etwas erreichen oder nur in der Gegend herumkrebsen!“
„Wir wolln schon groß rauskommen! Aber mit der Nummer

haben wir sicher keine Chance", konterte ich, „außer wir probierens in Englisch!"
„Das ist eine super Idee", meinte Hansi, während er seine Tasche ausräumte und die Gagen zählte.
„Ja, ihr sollt das Lied ja sowieso in Englisch aufnehmen, laut Herrn Friedberg", Marianne sagte das schon wieder etwas freundlicher.
„Na, dann lernen wir uns halt den Text ein", sagte ich zu Hans.

Widerwillig standen wir bei Peter Müller im Studio, um den Titel zu produzieren. Unser Englisch war keineswegs ausgereift und so bekamen wir von Seiten der anwesenden Musiker und Chorsänger die notwendige Unterstützung. Am meisten von Kathy Baily, der amerikanischen Freundin Peter Müllers. Sie begleitete uns als Texterin und Coach noch durch sechs Alben hindurch.

Der Druck wurde immer größer und die Gespräche zwischen uns immer ernster, was die Profiarbeit anbelangte. Auch die Auftritte nahmen gewaltigere Dimensionen an und wir suchten nach einem Ton- und Lichttechniker. Auch eine Begleitband wurde überlegt. Anfangs spielte Harry noch einige Konzerte mit, aber sein Job in der Krankenkasse und jener bei Eela Craig machten eine dauerhafte Zusammenarbeit nicht möglich.
Die Erfolge, die wir einheimsten, machten uns zu Superstars in der österreichischen Szene. Wilfried, Peter Cornelius, Turning Point, Goldie Enns und Wolfgang Ambros, alle die den Austropop der Zeit spielten, waren mit uns on Tour.

Erster internationaler Hit

Dass unsere Titel fast täglich im österreichischen Rundfunk gespielt wurden, stimmte uns fröhlich. Als „Baby Blue" plötzlich immer häufiger am Sender zu hören war, stimmte uns dies nachdenklich. Wir beobachteten die Hitparade und merkten, wie wir in der Platzierung ständig nach vorne rückten. So ging es Woche für Woche.

Die Fans wurden immer zahlreicher und Marianne wurde am Telefon regelrecht attackiert. Unser Live-Konzept funktionierte so nicht mehr. Hansi am Bass und ich an der Gitarre. Der Background war einfach zu wenig.

Mit einem Revox-Tonband ausgerüstet und mit einem zusammenbastelten Lichtequipment gingen wir künftig on Tour. Buddy, mein Schulkollege, bediente dieses Gerät als unser Tontechniker. Meinen Bruder Horst überzeugte ich, als Lichttechniker für uns zu arbeiten. Er bekam von uns den ehrenwerten Künstlernamen „Spoti". Die Technik wurde ein wichtiger Bestandteil unserer Shows.

Mein Bruder Horst „Spoti" als Lichttechniker

Wir wuchsen mit den Anlagen und hatten auch bald die richtigen Musiker hinter uns. Eine neue Herausforderung für uns! Live war wieder angesagt und das tat mir gut. Mit den Musikern und deren Freunden verstand ich mich blendend. Nur Hansi ging immer mehr davon weg, ein Instrument in die Hand zu nehmen. Er wollte sich auf das Singen konzentrieren.

Baby Blue spielten wir mittlerweile auf unseren Torneen und es war der Hit unserer Konzerte.
Live klang es Gott sei Dank nicht so schnulzig.

Platz Eins in den Hitparaden

Deutschland, Schweiz, Holland, Dänemark, Belgien und Spanien! Herr Friedberg sagte die Wahrheit! Ich konnte es nicht glauben, als wir zu einer internationalen TV-Show nach Madrid eingeladen wurden und ich konnte es nicht glauben, mit diesem, von mir abgelehnten Lied, plötzlich einen internationalen Erfolg zu erzielen. Ich verstand die Welt nicht mehr.
Berlin, Hamburg, Brüssel, Amsterdam und Zürich, alle wollten uns haben.

Trotz des ganzen Trubels hatten Herta und ich beschlossen, zu heiraten. Wir mussten den Termin immer und immer wieder verschieben, weil Marianne irgendwelche Auftritte einplante. Ein Datum aber ließ ich mir nicht nehmen: den 15. August 1973.
Wir hatten am Vortag einen Auftritt in Niederösterreich und ich bemühte mich, um 7:00 Uhr morgens daheim zu sein. Der Schock für Herta war meine Abreise nach Polen am

nächsten Tag. Wir hatten bei einem internationalen Festival in Sopot anzutreten.
Trotz der extremen Hektik hatte ich mir vorgenommen, eine außergewöhnliche Hochzeit zu feiern.

Erste Jeans-Hochzeit in Österreich 1973

Nachdem der Termin fix war und ich mich mit dem Pfarrer in Altenberg bei Linz abgesprochen hatte, verschickte ich meine Einladungen an all meine Bekannten und Verwandten. Sie sollten zu meiner Hochzeit in Jeans erscheinen! Es ließ sich nicht verheimlichen. Ein Filmteam aus Graz und Reporter von Zeitungen waren zum besagten Termin zur Stelle. Mir war es egal, ich war irgendwie nur müde.
Der Marktplatz von Altenberg war überfüllt, die Verwandten aus Kärnten, die Freunde aus Linz, alle in Jeans, nur unsere beiden Elternteile in traditioneller Kleidung.

In der Kirche unser beider Ja! Nicht ein wackliges Ja! Ein Ja der Liebe und Kraft!
Fatsy, das Urgestein der Linzer Szene, gestaltete den Abend mit Rockmusik und Oldies. Hansi und seine Familie samt Anhang waren ebenso dabei und wir beide gaben als Draufgabe noch ein paar Songs zum Besten.
Nichts geschlafen. 6:00 Uhr morgens Abfahrt zum Flughafen nach Wien.

Hochzeit in Altenberg bei Linz, 15. August 1973

Höhenflug

Der dritte Platz beim internationalen Festival von Sopot motivierte uns, noch weiter nach vorne zu streben. Wir wurden hin und her gereicht bei Presse und TV-Anstalten. Wir hatten Kraft und wurden nicht müde. Wir hielten durch!
Die Plattenfirma schien mit diesen Erfolgen äußerst zufrieden zu sein und so bekamen wir Kontakte zu internationalen Firmen. Auch privat erhielt ich erfreuliche Nachrichten. Ein Brief des Linzer Bürgermeisters stellte uns eine Wohnung in Aussicht.

Der Umzug

Nach langem Suchen und Warten wurde uns eine Wohnung in Linz-Auhof angeboten. Sie war zwar nicht groß, aber schön, und so übersiedelten wir an den Stadtrand.
Oberbairing ging uns ein bisschen ab. Aber dem ewigen Stress ohne Telefon, oder ob es Wasser gab oder keines, weinten wir keine Träne nach. Trotzdem bedeutet jeder Umzug natürlich auch eine Veränderung der Lebensgewohnheiten. Wir richteten uns häuslich ein und genossen die Bequemlichkeit der Stadtnähe.
Gleich in der Nähe gab es einen kleinen Supermarkt und gegenüber den Unipark. Telefon, Heizung und Wasser, es war alles da.
Herta wurde schwanger und wir erwarteten unser erstes Kind.

Nach dem Konzert im Brucknerhaus Linz

Auf der Bühne mit Maria Schell

Das Linzer Erfolgsduo Waterloo & Robinson verdankt Christian Kolonovits (Mitte) seinen Hit

peter kupfer:

Höhenflug 2

In der Zeit unseres Abhebens waren wir bei Festivals in Jugoslawien, in Belgien und in Tschechien unterwegs und heimsten erfolgreiche Plätze ein.
Alle Radiostationen berichteten von unseren Erfolgen und wir eilten von Interview zu Interview. Da kam Christian Kolonovits mit ‚Hollywood'! Studiotermin, Aufnahme! Es ging alles ziemlich schnell!

WIEN 1974

Im Studio von Peter Müller war die ganze Crew der Szene anwesend. Die Entscheidung, dass Hansi die Solostimme singen sollte, war für mich o.k. Für mich war nur ein an uns angepasster Song wichtig!

Herr Friedberg wechselte die Firma, was uns überraschte, er aber wusste wahrscheinlich, was er tat! Die immer zahlreicheren Auftritte bewogen die Kreuzmayrs, ihre Boutique abzustoßen. Marianne hatte sich schon längst in das Management vertieft und es war unmöglich, auf zwei Hochzeiten zu tanzen.

Platz 1 in Deutschland

Inzwischen hatten wir einen neuen Boss in der Firma Amadeo, er hieß Peter Winkler. Er wirkte anfangs aufgeschlossen und fair, aber im Hinterstübchen grübelte er bereits, nach Deutschland zu gehen. ‚Hollywood', schien für ihn nur ein lokaler Einstieg zu sein. Nicht einmal das Coverfoto hat er bezahlt!

Wir hatten inzwischen Werbeverträge mit verschiedenen Firmen abgeschlossen. Zum Beispiel mit der Firma Scharlachberg in Salzburg, die uns die amerikanische Whisky-Marke ‚Jim Beam' zur Vermarktung anbot und auch Autogrammkarten und Plakate drucken ließ. Unsere Erfolge machten Peter Winkler einen Strich durch die Rechnung!
Sein neuer Job der Firma Amadeus in Hamburg bescherte ihm sichtlich einen Höhenflug. Denn als ‚Hollywood' schon in den internationalen Charts auf Platz eins war, meinte er nur: „Nicht schlecht, aber vom Sessel haut`s mich nicht."
Innerhalb weniger Wochen, standen wir mit ‚Hollywood' auf Platz eins in den internationalen Hitparaden. Herr Winkler zierte sich, den deutschen Markt zu bemustern. Dem Druck von außen konnte er sich nicht widersetzen.
Die deutsche Version ‚Das war Hollywood von gestern', charterte ebenso schnell wie das Original.
Schon wieder ein neuer Chef in unserer österreichischen Firma. Franz Josef Wallner, ein Geschäftsmann und Denker durch und durch. Seine Art, die Produkte zu platzieren, war einzigartig. Unter seinen Fittichen eroberten wir den gesamten europäischen Markt und er schaffte es auch, den japanischen Markt zu erobern. Wir wurden eingeladen, beim weltweit größten Festival in Tokio als österreichische Teilnehmer dabei zu sein.

Bild: Johann Klinger
Nachwuchs bei Waterloo & Robinson: Vater Robinson, Mutter und Baby Simone Melanie

Wir hatten vorher noch einige Konzerte in Österreich zu spielen. Beim letzten Auftritt in Kärnten bekam ich einen Anruf meiner Frau aus der Klinik in Linz: „Wir haben ein Mädchen!"
Freudestrahlend verkündete ich diese Mitteilung übers Mikrofon den Gästen!
„Das gehört gefeiert", kam es vom Publikum und ein kräftiger Applaus ließ meine Freude noch mehr strahlen. Ich hatte mir gewünscht, bei der Geburt meines ersten Kindes dabei sein zu können. Jetzt war ich in Kärnten und konnte nicht einmal die kleinen Händchen berühren.

Im Zimmer flossen einige Freudentränen! Aber mir war damals schon klar - es blieb nicht mehr viel Zeit, mich um

meine gewachsene Familie zu kümmern. Die nächste Reise stand schon vor uns und diesmal eine längere. Die Vorbereitungen, die Impfungen, die Presse und Radiostationen wollten noch aktuelle Storys bringen.
Der Abschied von meiner Familie fiel mir diesmal besonders schwer.

Japan

Der Flug war ein Horrortrip! Von Wien nach Moskau mit einer russischen Tupolew. Die Sitze waren wie Gartenstühle und das ganze Flugzeug roch nach Krankenhaus. Bei der Zwischenlandung in Moskau wurde mein Weg zur Toilette von einer mindestens 1,90 Meter großen Dame in militärischer Kleidung gestoppt.
„Stoi!“

Ich hatte eine rote Linie übertreten und musste mich daher nochmals hinten anstellen. Der Flug mit Japan Airlines in einem Jumbo über Sibirien und China dauerte 23 Stunden. Dafür war der Empfang in Tokio für uns wie bei einem Präsidenten-Besuch.
Musikkapelle und hunderte Fotografen erwarteten uns. Wir wurden in ein Hotel chauffiert und von allen Seiten bedient. Am Zimmer lagen für uns die Folder und der Terminplan der nächsten Tage. Der erste Termin, ein Presseempfang des Bürgermeisters und der ganzen Stadtregierung in einem der größten Hotels dieser Stadt.
Jedem von uns wurde ein Betreuer zugewiesen, der sich nur um unser Wohlbefinden kümmern sollte. Um 19:03 klopfte

es an meiner Tür. Mein japanischer Betreuer stand davor und verneigte sich tausendmal.
„We must go, Mr. Lobinson!"
Bei Hansis Appartement die gleiche Szene.
Wir wurden mit dem Taxi zu diesem Empfang gebracht und dann wieder von unzähligen Betreuern und Mädchen in japanischer Tracht in den 38. Stock des Hotels begleitet. Das ständige Verbeugen machte mir zu schaffen. Kaum ging in irgend einem Stock die Lifttüre auf, neigten sich die Körper. Wir betraten einen riesengroßen Festsaal. Mitten durch diese Halle floss ein kleiner Bach und rundherum wuchsen kleine Bäumchen aus Töpfen. Gleich beim Eingang stand ein großes Fass mit Heringen, wie ich glaubte, und ich sollte, laut Betreuer, auch zugreifen. Wie sich später herausstellte, waren dies rohe Fische.
Mit dem Fisch im Mund und den nachkommenden Gästen wurde ich ins Geschehen gedrängt. Der geschmacklose Fisch quoll in meinem Mund immer mehr auf und ich suchte zwischen den ganzen Begrüßungsaktionen verzweifelt nach einem geeigneten Platz, den Fisch wieder los zu werden.
Ein Topf, der leicht abseits stand und von den anderen Gästen nicht gesehen werden konnte, rettete mich. Mir stand der Schweiß auf der Stirn!
„Wo warst du denn?", fragte mich Hansi, als ich mich wieder erleichtert in die Menge mischte.

Gerade noch rechtzeitig! Der Bürgermeister stellte die mitwirkenden Nationen vor. Das Blitzlicht-Gewitter der Fotografen war überwältigend, und die TV- und Radiostationen versuchten aus jedem von uns ein Wort herauszukitzeln.
Es gab ein feudales Essen mit internationaler Küche und

fruchtbare Gespräche mit den anderen anwesenden Künstlern. Dann die Überraschung! Ein Amerikaner japanischer Herkunft stellte sich uns vor. Er überreichte uns einen Karton mit kleinen ‚Jim Beam'-Fläschchen, auf die unsere beiden Namen aufgedruckt waren. Wir freuten uns und verteilten sie an die anderen Gäste. Der Mann war Generalimporteur für Japan, lebte seit 20 Jahren in den Staaten und hatte von Österreich den Auftrag bekommen, uns in seinem Land zu unterstützen.

Wir hatten plötzlich große Ehrfurcht. Diese legte sich jedoch sehr bald! Er saß uns gegenüber. Beim darauffolgenden Gang - es war Völlerei pur - erhob er sich leicht aus seiner Sitzhaltung und ließ einen derartigen Furz in die Menge, dass es mir die Schamröte ins Gesicht trieb.
Hansi schaute mich verdutzt an und zuckte mit den Achseln. Wie kann so etwas passieren? Bei so vielen Leuten?
Es dauerte jedoch nicht lange, da erhoben sich auch der Bürgermeister und noch einige wichtige Honoratioren der Stadt in diese Stellung.
Unser Betreuer flüsterte mir ins Ohr; „Its like, was a good food, a compliment to the cook!"
Also, es hat einfach geschmeckt! Ich flüsterte zu Hans mit vorgehaltener Hand: „Na, was ist? Ruf ma nach einer Zugabe?"
Er brach in ein unüberhörbares Gelächter aus und ich konnte mich ebensowenig zurückhalten. Die Blicke der Gäste ließen uns sofort wieder verstummen.

hit-express

Yamaha Popular Song Festival in Tokio – das größte Schlagerfestival der Welt. Zu den Topstars zählten zwei Österreicher: Waterloo & Robinson.
Die beiden Linzer, mit den für japanische Zungen schwer zu artikulierenden Namen, konnten sich beim Wettbewerb mit ihrem Song „Hello" zwar nicht unter den ersten drei plazieren (diese Plätze gingen an Japaner), aber sie kamen glänzend an und rissen das Publikum zu Begeisterungsstürmen hin.
Während W & R momentan auf Tournee quer durch Japan sind, ist Amadeo-Chef Wallner bereits wieder nach Wien zurückgekehrt. Er erzählt: „Die beiden wurden umjubelt, wie man es sich gar nicht vorstellen kann. Japanische Fans mit W & R-Transparenten belagerten unser Hotel, es gab Blumen, Geschenke und wieder Blumen. Es wurde auch sofort eine Platte in Japanisch aufgenommen und zwar ‚Oya Sumi', das heißt gute Nacht. Wir haben vorläufig 30.000 Stück pressen lassen, aber ich bin sicher, sie könnten davon rund 200.000 Stück verkaufen, wenn nicht mehr. Diese Japan-Tour ist für W & R wirklich die härteste Schule, die sie je mitgemacht haben. Die ideale Vorbereitung für den Grand Prix d'Eurovision."

Waterloo, Robinson und die Ansagerin des Festivals

W & R: Japan erobert

Apropos Song-Contest: Wer wird eigentlich das Lied schreiben, mit dem W & R Österreich bei diesem Wettbewerb vertreten werden? Wie man hört, soll sich alles, was an Liederschreibern bei uns Rang und Namen hat, bereits ans Werk gemacht haben. Die Entscheidung wird aber wohl zwischen Christian Kolonovits, dem „Hollywood"-Komponisten, und Robert Ponger fallen, dessen Hit „Memories Of Tomorrow" in der deutschen Version jetzt auch von Peter Alexander aufgenommen wurde. Beide sind jedenfalls eifrig an der Arbeit.

Liebe Linzel walen supel . . .

Was gibt es sonst noch an Neuigkeiten bei W & R? „Robinson" Sepp Krassnitzer konnte vor dem Abflug nach Japan gerade noch die Taufe seines Babys Simone Melanie miterleben. „Ich habe aus Tokio einmal zu Hause angerufen und Simone via Telefon lachen gehört", schreibt der stolze Vater aus Japan, „sie hat schon jetzt fast eine bessere Stimme als ich."

Für Hans Kreuzmayer ist der Japan-Trip gleichbedeutend mit einer Abmagerungskur, innerhalb von drei Tagen hat er drei Kilogramm abgenommen. Wenn das so weitergeht . . .

Übrigens ist Hollywood noch immer in fast allen Hitparaden vertreten. In England allerdings mit der Neufassung „Hello Hollywood", zu dem ein positiver Text geschrieben wurde, der nicht mehr von einem sterbenden Hollywood erzählt.

Über die Vorbereitungen von W & R für den Grand Prix d'Eurovision wird HIT in seinen nächsten Ausgaben selbstverständlich ausführlich berichten. Dann geht es für die W & R-Fans los mit dem Daumenhalten . . .

Neuel W & L-Hit heißt »Oya Sumi«

‚Hello Hello‘ der Song zum Festival

Wir schrieben den Song für dieses Festival und erreichten damit den internationalen Pressepreis unter 35 Nationen, als beste Interpreten mit einer anschließenden Tournee durch ganz Japan. Unser fünfwöchiger Aufenthalt in der Ferne wurde getrübt durch das plötzliche Ableben von Hansis Vater. Dieses Telegramm aus Österreich traf ihn wie ein Blitz!
Wir standen mitten in der Tournee durch Japan. Mariannes Anruf aus der Heimat, die meinte, man könne den Leichnam bis zu unserer Rückkehr einfrieren, löste bei ihm einen gewissen Schock aus.
„Wie kann man denn nur so unmenschlich sein, so kalt und gefühllos?" Seine Trauer machte mir Sorgen!

Es waren immerhin noch zwei Wochen zu absolvieren. In dieser Zeit hatten wir zusätzlich zwei große TV-Shows und eine Plattenproduktion in Kyoto. Ich versuchte ihn zu trösten, aber er wurde immer stiller und nachdenklicher. Die letzten zwei Tage nach dieser anstrengenden Tournee gehörten uns und erst ein Spaziergang durch die Ginza von Tokio, linderte seinen Schmerz und er gab Marianne recht, diesen Schritt getan zu haben.

Unser Rückflug ging über Alaska und wir mussten in Anchorage wegen Schlechtwetters zwischenlanden. Das Flugzeug musste enteist werden und so hatten wir sieben Stunden Aufenthalt und konnten eine kleine Stadtbesichtigung machen.
In einem Indianer-Shop fand ich für mein Baby handgemachte Schuhe und einige Mitbringsel für meine Familie und Freunde. Mein Koffer war sowieso schon überfüllt mit kleinen Geschenken.

Unsere Ankunft in Linz war eine Mischung aus Freude und Leid. Die nächsten Tage gehörten uns und unseren Familien. Hansi und ich telefonierten nur sporadisch und übers Geschäft wurde kaum ein Wort verloren. Aber es musste weitergehen. Wir hatten Verträge und Verpflichtungen.
Eine große Fernseh-Show in Deutschland, zwischendurch Auftritte und Radiotermine.
Meine kleine Tochter bekam ich kaum zu sehen. Bei jedem Heimkommen aus irgend einem Land war sie immer größer und reifer.
Meine Frau und auch unsere Familien kümmerten sich während meiner Abwesenheit liebevoll um unser Baby. Wir tauften sie auf den Namen Simone. Sie kam am 2.10.1975 in Linz zur Welt.

'Hollywood' und 'Baby Blue' wechselten sich ein ganzes Jahr lang in den Hitparaden zwischen den Plätzen eins und zwei

DALLI DALLI, BRD

Bild: Axel Zeininger

Elke Sommer lud Waterloo & Robinson nach Hollywood ein

Der Erfolg reißt bei Waterloo & Robinson (großes Foto) nicht mehr ab! Österreichs Popduo Nr. 1 schwimmt seit Monaten auf Erfolgskurs. Japantournee, Nominierung für den „Grand Prix“, eine eigene Fernsehshow und jetzt noch eine Tochter für Robinson. Das traf wie ein Hammer!

Wir können unser Glück kaum fassen...

Der Waterloo-&-Robinson-Uralthit „Das war Hollywood von gestern“ dreht sich zwischenzeitlich in 42 Ländern der Erde. Über hunderttausend Menschen jubelten den beiden auf ihrer Japantournee zu. Millionen begeisterten sie in sieben asiatischen Fernsehshows. Das Duo wird Österreich beim „Grad Prix“ im April in Amsterdam vertreten. Noch im Januar werden sie eine 45-Minuten-Show für das ZDF und das Österreichische Fernsehen drehen. Und – Robinson wurde Vater einer kleinen Simone-Melanie.

Waterloo & Robinson, die sympathischen zwei aus Österreich, können so viel Glück gar nicht fassen.

„Jahrelang haben wir darauf gewartet. Diese geballte Ladung traf uns aber wie ein Schock“, tönen beide wie aus einem Mund. Nur Waterloo fügt schalkhaft hinzu: „Das einzige, was für 1975 sicher und auch bestellt war, war Simone-Melanie. Robinson und seine Frau hatten extra Zucker auf die Fensterbank gelegt, damit der Storch nicht vorbeifliege.“

Getrübt wird das Glück des erfolgreichen Duos nur durch Unstimmigkeiten über ihre geplante Deutschlandtournee. Robinson: „Eigentlich war sie für das Frühjahr geplant. Aber leider lief nicht alles nach unseren Vorstellungen. So müssen unsere deutschen Fans wahrscheinlich bis zum Herbst warten und sich mit unserer »Freizeit-Magazin«-LP »Unsere Lieder« und unserer neuen Single »Geh zu ihr« trösten.“

Entschädigt wurden die beiden durch die Nominierung für den „Grand Prix“ in Amsterdam. „Darauf hatten wir zwar im geheimen gehofft. Am Ende war es dann aber doch eine Riesenüberraschung!“ Auf Siegeschancen angesprochen, entgegnen Waterloo & Robinson bescheiden: „Allein schon, daß wir nominiert wurden, ist ein Erfolg und eine große Ehre für uns. Wir hoffen, daß wir alle Erwartungen erfüllen werden.“ ●

Oben: Mit „Glücksserum“ scheinen Waterloo (M.) und Robinson geimpft zu sein.

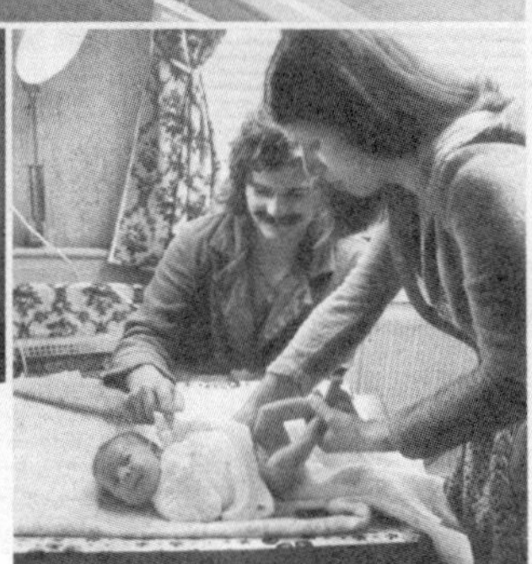

Rechts: Robinson mit Frau Herta (r.) und Tochter Simone-Melanie. Alle sind glücklich.

23

ab. Deshalb wurde in unserem eigenen Land die Ö3-Hitparade abgeschafft, um neu strukturiert zu werden. Die Inzucht in den diversen Anstalten nahm schon beängstigende Ausmaße an. Aber wir hatten auch viele Freunde wie Peter Rapp, der ‚Spot Light' moderierte und auch mit uns bei Auftritten unterwegs war. Oder viele andere Kollegen, die uns mit Rat und Tat zur Seite standen.

Der Erfolg war einfach nicht mehr aufzuhalten. Dank Herrn Wallner, unserem Platten-Boss, verlagerte sich unsere Auftragslage auf den internationalen Markt. ‚Hollywood' chartete in Brasilien und war dort ein Jahr auf Platz eins. Ebenso

Peter Rapp, unser Mentor in Sachen TV

in den skandinavischen Ländern und auch im Ostblock. Nur in England erschien die Platte unter einem anderen Namen ‚Midnight Movie', neu produziert von Don Paul in London. Wir standen dafür im Studio von Joe Cocker in der Poland Street.

Unser Promotor in Hamburg, Tini Hagen, der für unsere deutsche Plattenfirma zuständig war, wurde einer meiner besten Freunde in der Branche. Wir verstanden uns in vielen Fragen und diskutierten oft stundenlang während der langen Autofahrten zu den Terminen.

Tini, ein Englandfan, hatte viele Freunde dort und seine Erzählungen und Abenteuer machten mich neugierig. Sollte ich mal Zeit haben, um mich mal richtig entspannen zu wollen, dann würde er sich freuen, mir seine zweite Heimat in South Wales zu zeigen.

„Ich werde sicher drauf zurückkommen", sagte ich und checkte am Flughafen in Hamburg meine Rückreise nach Linz ein.

Ich hatte mir einen neuen Citroen Pallas angeschafft, weil ich glaubte, damit bequemer reisen zu können. Das Fahrzeug war zu schwerfällig und hatte nicht einmal eine Servolenkung. Aber es war mein erster neuer Wagen.

Hansi und ich hatten uns ausgemacht, in diesem Jahr einen Urlaub einzuplanen. Auch unsere Frauen waren von diesem Vorschlag begeistert.

Herr Wallner hatte eine bessere Idee. Er nominierte uns beim Eurovision Song Contest 1976 in Den Haag, Holland, als österreichische Teilnehmer. Wir sollten den Wettbewerb in Zusammenarbeit mit dem Österreichischen Rundfunk bestreiten.

Für uns war es natürlich eine große Ehre, an einem so großen Ereignis teilnehmen zu dürfen, aber es warf unsere Pläne ein wenig durcheinander. Wir kannten diese Veranstaltung und wussten, welche Größen an dieser Eurovision bereits teilgenommen hatten. Manche haben es geschafft, viele sind damit gestrandet.

Wir gingen das Risiko ein und konnten nicht mehr zurück. Die internationale Presse stürzte sich auf uns und wir wurden von einer Radiostation zur anderen herumgereicht. Wir kannten weder den Komponisten noch den Titel des Liedes, das wir interpretieren sollten. Erst eine Zusammenkunft in einem Studio in Wien löste in uns eine gewisse Zuversicht aus.

Gerhard Heinz, Produzent für Filmmusik und ein guter Freund des Herrn Wallner und auch einiger wichtiger Fernseh- und Radioleute, wurde für dieses Großereignis als unser Komponist und Arrangeur beauftragt. Drei Lieder hatten wir zur Auswahl. Wir entschieden uns für ‚My little world'.

Unsere Plattenfirma und der ORF waren mit dieser Entscheidung einverstanden. Es war ein Happy Song mit leicht merkbarem Refrain, ein Song für die breite Masse und wir durften diesen sogar in Englisch singen - laut internationalem Reglement.

Als unsere Nominierung durch die Medien publik wurde, mischten sich immer mehr Besserwisser und scheinbar wichtige Leute in unser Leben. Sie wollten uns neu stylen, die Haare schneiden und uns in Anzüge zwängen.

Weder Hans noch ich ließen sich von solchen Vorschlägen beeinflussen. Wir hatten genug andere Sorgen. Unser Album ‚Please love me' war gerade am Markt erschienen und der ORF bot uns eine eigene TV-Show dafür an.

Zwischendurch immer wieder Auftritte von Meran über Hamburg bis Berlin zur ZDF Hitparde und dann weiter bis Zürich und Genf. Die karge Freizeit in der Heimat verbrachten wir mit den Proben mit einer neuen Begleitband und dem Einstudieren neuer Songs.

Eurovision Song Contest 1976

Bevor wir nach Den Haag abreisten, hatten wir einen Auftritt im Kongresshaus in Innsbruck. Am nächsten Morgen erwartete uns ein Fernsehteam aus Holland, um einige Schnappschüsse in der traditionsreichen Stadt mit uns zu drehen. Es war ein verregneter und kalter Tag.
Trotz Übermüdung gaben wir unser Bestes und machten die ganze Prozedur mit. Wir mussten noch nach Linz, um unsere Koffer zu packen und uns von unseren Familien zu verabschieden.

Irgendwie wuchs die Spannung in uns. Je näher der Termin rückte, umso zickiger wurden wir zueinander. Wegen jeder Kleinigkeit wurde kritisiert und dann passte dies und jenes plötzlich nicht mehr. Dann noch die Anrufe Mariannes, ob wir brav wären und rechtzeitig ins Bett gingen und ob wir den Text bereits könnten.
Genervt wurde Hansi, ich bekam nur seine Antworten mit.

Unsere Bühnenkleidung stellten wir selbst zusammen und niemand konnte uns daran hindern, so auf die Bühne zu gehen, wie wir eben waren. Mit dieser Einstellung begann unsere Reise nach Den Haag.

Einerseits konnten wir nicht viel verlieren, unser Kalender war ausgebucht. Doch andererseits ein schlechtes Ergebnis heimbringen? Das wollten wir auch wieder nicht! Unser Begleitpersonal auf dieser Reise bestand aus Journalisten, Radio- und Fernsehleuten und auch Herrn Wallner.
Unser Dirigent, einer der besten Musiker unseres Landes, Erich (Keks) Kleinschuster, war schon zwei Tage früher angereist, um mit dem Orchester die Proben durchzuführen. Wir wurden First Class einquartiert und rund um die Uhr versorgt. Vorm Hotel scharten sich die Fans und erhofften sich, von den ebenfalls in unserer Nobelherberge wohnenden Künstlern eine Autogrammkarte zu ergattern oder ein gemeinsames Foto zu schießen.
Es war alles bis aufs Kleinste organisiert: Stadtbesichtigung, Interviews und Fototermine.

Die Bühne in der Veranstaltungsarena erstrahlte in bizarren Farben und die Aufenthaltsmöglichkeiten während der Durchlauf-Proben boten uns viel Freiraum. Wir unterhielten uns mit den mitwirkenden Künstlern sowie mit den Musikern des Orchesters und kannten auch viele Künstler und Musiker von gemeinsamen TV-Shows oder Auftritten.
Je näher der besagte Tag kam, desto ruhiger und gelassener wurden wir. Was uns selber wunderte! Dass an diesem Abend über 100 Millionen Menschen vor dem Fernseher sitzen werden, um uns auf Schritt und Tritt zu beobachten, ob sich nicht doch ein kleiner Fehler oder falscher Ton einschleichen könnte, an all das dachten wir im ganzen Trubel überhaupt nicht.
Unsere Bühnenkleidung wurde anfangs belächelt, aber später als gewagt und ehrlich empfunden.

Chansonwettbewerb der Eurovision

Samstag Österreich hat 1972 das letzte Mal beim Schlagerfestival der Eurovision (offiziell: „Eurovision Song Contest") mitgemacht. Damals sangen die „Milestones" und ergatterten mit einem mittelmäßigen Liedlein über einen Schmetterling den 5. Platz. Durch diese Placierung aufgewertet, wurde der eher belanglose Singsang sogar ein kommerzieller Erfolg. Ein Jahr zuvor war Marianne Mendt mit „Musik" mit Bomben und Granaten durchgefallen und auf dem vorletzten Platz gelandet. Die erfolgreichen „Milestones" haben sich inzwischen aufgelöst, die damals erfolglose Marianne Mendt hat in Deutschland eine beachtliche Karriere geschafft.

Über den Sinn oder Unsinn dieses Wettbewerbs, der am Samstag aus Den Haag übertragen wird, ist man sich beim ORF nicht ganz einig. Für dieses Jahr („Immerhin ist's eine Chance") hat der zuständige Ernst Grissemann jedenfalls für die Beteiligung des ORF plädiert. Darüber freut sich besonders eine Plattenfirma (Atom) ein Komponist (Gerhard Heinz), ein Musikverlag und zwei Oberösterreicher. Der Linzer „Robinson" und der Trauner „Waterloo".

Die Plattenfirma macht mit dem allein durch die Teilnahme am Festival aufgewerteten Duo sicherlich gute Geschäfte.

WATERLOO & ROBINSON vertreten beim „Chansonwettbewerb der Eurovision 1976" mit dem Lied „My little world" den ORF. Foto: ORF

Der Komponist des Liedchens (My little World) verdient, egal ob die beiden bei der Jury gefallen oder nicht, nicht schlecht, ebenso der Musikverlag. Und „Waterloo und Robinson", ohnehin die bestverdienenden „Poper" Österreichs, zudem noch international erfahren und sogar in Japan mit ihrer „Hollywood"-Platte erfolgreich, ihnen kann das Festival nur nützen, schaden kann's ihnen nicht mehr, dazu sind sie bereits zu arriviert.

Wie ihre Chancen stehen, kann bestenfalls ein unseriöser Wahrsager voraussagen. Die späte Startnummer wird den Österreichern jedenfalls eher nützen.

International bekannte Namen sind bei diesem Wettbewerb immer eher selten gewesen. Die „Les Humphries Singers" (sie starten für Deutschland) und Jürgen Marcus (Luxemburg) sind die Bekanntesten bei diesem Wettbewerb. Nutzen dürfte das allerdings nicht, denn das Lied, nicht die Interpreten sollen in der Jury bewertet werden. Peter Hirsch

⇄ = Umsteigzeit
In beiden Programmen beginnen neue Sendungen.

ERST IM ZWEITEN ANLAUF nominierte die deutsche ARD die „Les Humphries Singers" mit „Sing, sang, song" Foto: Teldec

2

15.50 Konzertstunde
Preisträgerkonzert des Münchner Wettbewerbs 1975
Symphonieorchester des Bayerischen Rundfunks
Dirigent: Eliahu Inbal

16.50 200 Jahre Burgtheater (Wh)
Nach einer Idee von Ernst Haeusserman

18.00 ⇄ Ohne Maulkorb — Blick über die Grenze
Uwe und Karin
Lehrlingsprobleme

18.50 ORF heute

19.00 ⇄ Walter Mittelholzer
Ein Pionier der Zivilaviatik

19.50 Die Galerie

20.15 ⇄ Please love me (Wh)
Eine Show mit Waterloo & Robinson

21.00 **Chansonwettbewerb der Eurovision**
Eurovision aus Den Haag
Lesen Sie dazu auf der Titelseite dieser Programmvorschau
Sendeschluß ca. 23 Uhr

„So seid ihr halt, Jungs,“ sagte ein Reporter aus Berlin bei einem der vielen Interviews!
Die Konkurrenz, gegen die wir antreten sollten, war nicht so ohne. Da waren prominente Stars dabei wie Brotherhood of Man, Les Humphries Singers oder Albano und Romina Power.

STARTNUMMER 14 – AUSTRIA WATERLOO & ROBINSON - „My Little World“

Ich habe noch heute diese Stimme im Ohr, als wir aufgerufen wurden, die Bühne des Aufstiegs oder des Falls zu betreten. Wir hatten uns vorher noch ein Tisch-Fußball-Match geliefert, um uns ein wenig abzulenken, und das war gut so. Wir wussten nichts von den Konkurrenten vor uns!
Leicht und locker einlaufend, begeistert vom stürmischen Applaus in der vollbesetzten Halle, standen wir vorm Mikrofon und verneigten uns. Erich zählte ein und als ob wir das Lied schon tausendmal gesungen hätten, kam es locker, freundlich und beschwingt aus unseren Kehlen.
Beim Refrain klatschte das Publikum mit und wir wussten, dass wir unsere Sache gut gemacht hatten. Standing Ovations. Mit allem hatten wir gerechnet, aber nicht mit einer derartigen Begeisterung des Publikums.
Hinter der Bühne empfingen uns unsere Kollegen und Mitstreiter und gratulierten uns, als wären wir schon die Sieger des Wettbewerbes.
„Abwarten“, sagte ich, „nach einer Stunde wissen wir mehr.“
Ich setzte mich erleichtert und gemütlich zum Monitor und schaute mir die nach uns auftretenden Künstler an.

WATERLOO & ROBINSON:

Das ist der Preis für unseren Erfolg

Für unser erfolgreiches Pop-Duo beginnt jetzt – vor allem nach dem 5. Platz im Song-Contest – das große Geschäft. Doch dafür müssen sie und ihre Familien einiges opfern

Waterloo, Michaela (9), Frau Marianne, Robinsons Frau Herta mit Baby Melanie und Robinson (v. l.)

Waterloo planscht in der Badewanne und summt ›My little world‹. Er hat kurz ›Heimaturlaub‹ zwischen den Beutezügen nach dem Ruhm.

Marianne Kreuzmayr, seine Frau, huscht durchs Haus und wirft alle paar Minuten einen Blick durch die mit Netzvorhängen uneinschaubar gemachten Fenster: Draußen haben sich schon wieder einige Fans versammelt.

»Manchmal ist man wie gefangen«, sagt die dunkelhaarige Anfangdreißigerin, der das ›Berühmtsein‹ noch nicht ganz zur Routine geworden ist. Obwohl sie schon seit einiger Zeit das Unternehmen Waterloo & Robinson managt.

»Den ganzen Tag stehn sie draußen und warten. Vor allem Kinder und Jugendliche. Manche läuten Sturm. Wegen Posters, Autogrammkarten. Und wenn ich einmal meinen Wagen über Nacht vorm Haus parke, fehlen am nächsten Morgen prompt die Scheibenwischer oder die Breitstrahler.«

Sie hält für einen Bosheitsakt, was sicher nichts als Souvenirjägerei ist.

Der Preis des Erfolgs.

Familienleben gibts bei Kreuzmayr-Waterloo und Krassnitzer-Robinson immer seltener. Dabei wären sie sehr häuslich.

Aber seit dem Eurovisonsfestival in Den Haag ist dazu kaum noch Gelegenheit.

Was der Vertreter Kreuzmayr und der Grafiker Krassnitzer seit 1970 allmählich gesät haben, was seit 1973 ins professionelle Stadium geriet, beginnt nun ernstlich Früchte zu tragen. Wie viele goldene darunter sind, wird sich erst im Lauf des nächsten halben Jahres zeigen.

Vorerst gilt es, die Hetzerei von Termin zu Termin durchzustehen. Seit ›My little world‹ Platz 5 beim Song-Contest errang und die Hitparaden in England und Holland dominiert, werden die zwei Linzer von Showangeboten überrannt. Europaweit.

- Deutschland lud zur TV-›Drehscheibe‹.
- In Amsterdam ging die ›Edy go round‹-Show in Szene.
- Im Mai stehen noch zwei oder drei Bildschirmshows in Paris auf dem Programm.
- In Düsseldorf sind sie Stars der Starparade (15. Mai in FS 1).
- Am 12. Juni erwartet man sie zu ›Dalli-Dalli‹ in Wien.
- Rudi Carrell hat sie für sein ›Laufendes Band‹ eingeladen.
- Zwischendurch treten sie in deutschen Nachtklubs mit ihrem Zweimal-45-Minuten-Programm auf.
- Und für Juni wird eine Österreichtournee durch die Landeshauptstädte vorbereitet.
- Nicht zu vergessen die neue LP. Mitte Juni wird in London produziert. Sieben Eigenschöpfungen.

Die Firma kommt kaum mit dem Pressen nach, ständig heißt es ›ausverkauft‹. Und für Herbst erwarten die Träger von bereits zwei goldenen Schallplatten noch weitere zwei bis drei Vergoldungen. Wieder ist ›Sing my song‹ verdächtig, aber auch ›Please, love me‹ und ›My little world‹.

Zehn Jahre haben sich die beiden ungleichen Sänger Karrrierechancen gegeben. Bisher konnte man, sagt die angetraute Managerin, gut von den Einnahmen leben. Jetzt geht es um die Sanierung. Um die Sicherung der Zukunft.

»Wir, für unseren Teil«, erklären die Waterloos, »sind nicht übermütig, haben keine Allüren. Wir sparen. Vielleicht können wir eines Tages eine Pension aufmachen, ein Lokal, auch ein Realitätengeschäft überlegen wir. Im Moment suchen wir einen Baugrund. Das Haus der Eltern wird zu knapp. Robinsons haben eine schöne Wohnung. Aus Linz wollen wir nicht weg. Es liegt so schön und praktisch in der Mitte.«

»Wir, für unseren Teil ...« Immer sind Waterloo und seine Frau die ›Sprecher‹ des Erfolgsduos. Der reise-, lebens- und unternehmungslustige Waterloo, dem sein zugkräftiger Name eines Nachts kam, als er von einer großen Schlacht träumte (Waffensammeln ist sein Hobby), spielt nicht nur in der Gunst der Anhänger die ›erste Geige‹.

Robinson, nur 1,68 Meter groß, zwei Jahre jünger (Jahrgang 1947) und ein richtiger Einzelgänger (daher auch sein Name), wirkt neben dem glutäugigen 1,80-Meter-Mann immer leicht gehemmt. Es macht ihn unsicher, wenn es bei Proben, Aufzeichnungen usw. ständig heißt: »der Große« und »der Kleine«. Das reduziert tatsächlich auch sein Selbstbewußtsein.

»Der Sepperl würd' sich am liebsten verkriechen«, wird einem anvertraut, und »wenn der eine zurückhaltend ist, dann muß sich der andere klarerweise mehr engagieren ... Deshalb ...«

Und deshalb kommt es zwischen den glorreichen zwei, wenn sie oft viele Tage auf engstem Raum, im Auto, in Studios usw. beisammen sein müssen, klarerweise mitunter zu Reibereien.

Doch der Erfolg schweißt sie zusammen. Immer wieder. Sobald sich die Scheinwerfer auf Waterloo & Robinson richten. Dann merkt bestimmt keiner was von einem vielleicht gerade hinuntergeschluckten Groll. Dann läßt ›der Große‹ wieder die Zähne blitzen. Und ›der Kleine‹ lächelt und lächelt und lächelt.

Eva Ottawa

Mein Kollege diskutierte und scherzte mit den Les Humphries Singers, andere wiederum liefen nervös und abwartend durch den Back-Stage-Bereich. Nach der letzten Startnummer vor der Wertung gab es noch den Siegertitel vom Vorjahr.
Das war die Gruppe Teach In aus den Niederlanden mit Dinge-dong. Und dann das große Zittern und Warten. Die Punkte der Platzierungen waren vergeben und wir landeten auf Platz fünf.
Heilfroh und strahlend mussten wir und alle Beteiligten nochmals auf die Bühne, um mit der Sieger-Gruppe Brotherhood of Man aus England den erfolgreichen Abend zu feiern. Später wurden wir durch den Hinterausgang zu den Bussen gebracht und beim Hotel abgeliefert.

Auch dort warteten hunderte Fans kreischend vorm Eingang. Im Speiseraum war eine kleine Pressekonferenz mit Imbissen und holländischem Bier angesagt. Die Tische hatten Fähnchen der jeweiligen Länder der in diesem Hotel einquartierten Künstler.
Keksi Kleinschuster, unser musikalischer Direktor, gesellte sich an den Österreicher-Tisch. Wir bedankten uns herzlich für seine hervorragende Arbeit und er gab uns seinen Dank zurück. Von allen Seiten wurde uns gratuliert und eine erfolgreiche Zukunft prophezeit. Veranstalter, Agenturen, jeder drückte uns Visitenkarten in die Hand.

Am nächsten Tag Abreise in die Heimat. Am Flughafen das gleiche Bild wie in den letzten Tagen! Überall wartende Fans. Ich wollte noch schnell von einer Telefonzelle nach Hause telefonieren, aber das Klopfen an der Tür „Please a signe,

please!“ machte es unmöglich. Zeitungsausschnitte mit unseren Köpfen wurden an die Scheibe der Telefonzelle gedrückt, ich hatte keine Chance.
So habe ich mich wieder zu meinem abgeschirmten Platz in der Wartehalle zurückgezogen. Da kam Hansi schnaufend angerannt und schimpfte leicht verärgert: „Nicht einmal auf´s Häusl kannst gehen. Die warten direkt vor der Häusltür! Da vergehts dir ja!“
„Geh halt im Flieger“, beruhigte ich ihn.
Der Flug ging über Frankfurt nach Linz. Endlich war ein bisschen Ruhe eingekehrt. Hansi konnte in Ruhe und ohne Stress die Toilette aufsuchen, die er erst nach 15 Minuten wieder verließ und erleichtert seinen Platz einnehmen.
Wir lachten!

Flughafen Linz: Ankunft

Der kleine, sonst nicht allzu stark frequentierte Linzer Airport, war am Tag unserer Ankunft voll. Freunde, Fans und unsere Familien waren vollzählig angetreten.
Winkend, mit Tochter Simone am Arm, stand Herta ein wenig abseits des Trubels und ich drängte mich durch die gratulierende Menge zu ihr. Unsere Verwandten umringten mich, ich wurde umarmt und mit Fragen überschüttet. Im Moment konnte ich sie gar nicht beantworten, denn der Arbeitstag war noch nicht zu Ende.
Hans und ich mussten den anwesenden Journalisten und Reportern Frage und Antwort stehen. Es war schon ein bisschen viel in den letzten Wochen, aber dieser Erfolg war für uns ein Sieg! Nach langen Verabschiedungs-Zeremonien,

fuhren wir endlich nach Hause. Simone war inzwischen auf der Rückbank des Autos eingeschlafen.

In den kommenden Wochen wurde uns klargemacht, was „Präsent-Sein“ heißt. Wir wurden durch die halbe Welt geschickt und überall sollten wir freundlich lächeln und immer fit sein. Bei einer der vielen Autogrammstunden, die wir machen mussten, spürte ich im Gedränge hinter mir plötzlich zwei große Brüste in meinem Nacken, die sogar meine Ohren bedeckten.

Dieser weibliche Fan transpirierte so stark, dass ich den Geruch monatelang nicht mehr aus der Nase brachte. Die schönen Seiten waren ausverkaufte Hallen, Säle und Zeltfeste.

Fürs Management war es nun leicht, uns zu vermarkten, denn fast bei jedem Konzert bekamen wir weitere Einladungen oder lernten neue Veranstalter kennen. In diesem Erfolgsjahr produzierten wir zwei Alben. Das Album ‚Songs‘ mit dem Titel ‚My Little World‘ und das Album ‚Clap your Hands‘.

Wir bekamen auch einen deutschen Plattenvertrag bei Metronome in Hamburg. Der einzige Wermutstropfen bei der deutschen Firma war, dass sie uns in die Schnulzenszene drängen wollte. Vertraglich mussten wir einige Lieder mit deutschen Produzenten aufnehmen und ich konnte mich mit dieser Art von Musik und Text überhaupt nicht anfreunden.

Mit den Schnulzen wurden wir zu Dauergästen in der ZDF-Hitparade. Provokant traten wir mit Moon Boots und extrem ausgefallener Kleidung auf, um das Ganze ein wenig abzuschwächen. Ganz egal, was wir anstellten, das deutsche Publikum und die Fans liebten uns!

Ich wollte im Prinzip immer ehrliche Musik machen, bis ich

bemerkte, das sich immer mehr Wichtigmacher und Mitverdiener einmischten. Sie alle wollten an unserem Erfolg teilhaben.

Herr Wallner verließ die Plattenfirma Amadeo und wechselte zur Firma Musica. Für uns bedeutete dies schon wieder einen neuen Plattenboss. Ein Franzose übernahm das Ruder bei Amadeo, es war Dominique Monier. Wir verstanden uns auf Anhieb und schlossen Freundschaft.

Ihm gefielen unsere Ideen und wir konnten endlich wieder gemeinsam mit Christian Kolonovits arbeiten. In dieser unseren kreativen Zeit lernten wir einen Filmproduzenten kennen, der großes Interesse an uns zeigte. Horst Stelzl, ein in Wien arbeitender Afrikafan und Dauerreisender, der ursprünglich aus Graz stammte.
Gemeinsam erarbeiteten wir ein Konzept zu einem Film, der

mit uns in Kenia gedreht werden sollte. Dazu machten wir uns auch Gedanken über ein dazu passendes Plattenalbum. Da das Projekt eine Menge Geld verschlingen würde, machten wir uns auf die Suche nach Sponsoren. Peter Ripl, damals Prokurist der größten österreichischen Reifenindustrie, war von unserem Vorhaben begeistert und wir konnten ihn als Partner und Freund gewinnen. Ebenso einen singenden Optiker aus Wien, Peter Türk. Beide Peter gingen mit uns auf die Reise.

Ein großes Jugendmagazin aus Deutschland veranstaltete ein Gewinnspiel für Mädchen, die mit uns nach Afrika reisen wollten. In die Auswahl der Zeitschrift schafften es von über 15.000 Einsendungen drei hübsche Mädchen, die bei einer großen Veranstaltung in Fulpmes, in Tirol, der Presse und dem Fernsehen vorgestellt wurden.

Dominique, der Franzose, unser neuer Platten-Boss, gab grünes Licht für unser Vorhaben. Wir produzierten mit Christian unser Album ‚Wild, wild Land' in einem der besten Studios Deutschlands, im Europa-Sound-Studio in Frankfurt am Main. Der Titelsong und einige Lieder in diesem Album kamen aus eigener Feder.

Wild Wild Land

Marianne hatte alles vertraglich fixiert und so stand unserer Abreise nichts im Wege. Unser Team bestand aus dreißig Personen. Im Team dabei auch Christian Kolonovits mit Freundin. Wir starteten von Wien aus nach Nairobi, wo wir eine Woche verbringen mussten, um die offiziellen Drehgenehmigungen abzuwarten.

Wir vergnügten uns am Pool oder machten eine Stadtbesichtigung und waren fasziniert vom exotischen Treiben in der Metropole. Noch dazu hatten wir das Glück, bei der „East African Safari Rallye" als Zuseher dabei zu sein und die Jagd der verdreckten Autos durch das Zentrum von Nairobi hautnah mitzuerleben.
Peter Ripl, der zusammen mit Horst Stelzl den Bürokram für unsere Weiterreise organisierte, nickte vor Übermüdung am Pool ein. Wir kamen gerade vom Mittagessen, als wir ihn tief schlafend mit knallrotem Körper, seine rechte Hand auf die Brust gepresst, fanden. Seine Beine waren von Moskitos zerstochen und hatten sich bereits ballonförmig verändert. Ich versuchte ihn aufzuwecken und nahm dabei seine Hand vom Körper. Die Grundfarbe im österreichischen Alabaster, Weiß, in Form der fünf Finger und eines Stückchens des Armes, hob sich leuchtend hell vom stark geröteten Körper ab.
Der Hotelarzt versorgte ihn mit einheimischen Salben und Tinkturen. Erst nach zwei Tagen frühstückten wir wieder gemeinsam.
Horst hatte es inzwischen geschafft, die ganzen Papiere zu organisieren, sodass wir die Weiterreise per Flug nach Mombasa antreten konnten. Bevor die Dreharbeiten begannen, hatten wir noch zwei schöne Badetage am Indischen Ozean. Herta und ich spazierten stundenlang am Strand entlang und waren verzaubert von den Düften, Geräuschen und den Tieren, die rund um uns lebten. Die Vielfalt und die Kraft der Farben der Vegetation ließen unser Herz höher schlagen. Es war damals noch paradiesisch.

Unser ganzes Team vergnügte sich im lauen Meerwasser

und am weißen Strand von Mombasa. Zweimal in der Woche machte ich einen Kontrollanruf bei meinen Eltern, um mich zu erkundigen, ob es unserem Töchterlein gut gehe. Ich wusste, das es bei meiner Mutter in besten Händen war. Aber ich musste diese Telefonate relativ rasch beenden, denn sonst hätte ich über jede Minute ihrer aufopfernden Arbeit Bescheid gewusst. Und das wäre mir aus dieser Entfernung einfach zu teuer gekommen. Herta stand immer neben mir und hörte angespannt mit. Ihre Frage, ob Simone auch genug zu essen bekäme, wurde meines Wissens nach nie zufriedenstellend beantwortet.

Erster Drehtag

Das Kamerateam, Alexander Bosch und seine Gattin Traudi, beide aus Graz, bauten am Ende der Grünanlage des Hotels, nahe am Strand, ihre Geräte auf. Hier befand sich eine große Palme, deren Blätter bis zum Boden hingen. Horst hatte die Idee, den schwarzen Flügel des Hotelpianisten heranzuschaffen.

Mit zehn einheimischen Helfern gelang es, den Flügel vom ersten Stock über eine enge Stiege, durch die Lobby, an der Rezeption vorbei, über die Terrasse, den Vorgarten und eine 300 Meter breite Grünfläche zu besagter Palme zu transportieren. Durch das nervöse Geschrei der Einheimischen wurden die Hotelgäste aufmerksam und gesellten sich, im Spalier stehend, zu den Trägern. Jeder wusste besser, wie so ein schweres Instrument zu transportieren sei und gab Anweisungen.

Da stand er nun endlich! Nach fast einer Stunde, in glü-

hender Hitze herangeschleppt, vor der Palme! Der erste Drehtag begann chaotisch.
„Wo ist denn der Christian?“, rief Horst aufgeregt in die Menge, „wir sollten doch drehn!“
Wir alle saßen während der Klavieraktion noch beim Frühstück und hatten den Transport vom 1. Stock aus beobachtet.
„Christian! Du bist gmeint“, sagte ich.
Und Hansi: „Spü an lässigen Rock!“
„Ha, ha, sonst noch was“, Christian ging in Richtung Klavier.
Zwei Minuten später stand Xandis Frau leicht verschwitzt vor uns und forderte uns auf, zur Truppe zu stoßen.
„Wo ist deine Frau?“, fragte sie Hans.
„Die wird schon kommen! In der Früh braucht sie ein bissl länger ...“
Während er sprach, grapschte ein kleiner Affe sein Marmeladebrot und verflüchtigte sich im Baum. Hans griff danach, fand es nicht und schaute uns an: „Das ist nicht witzig!“
„Schau rauf“, sagte ich und zeigte mit dem Finger auf den kleinen Affen, der es gerade genüsslich verspeiste.
„Na warte ...“, schrie er dem Äffchen nach, als wollte er damit sagen, du kommst auch noch in meine Gasse.
Wir versammelten uns alle am Flügel. Horst gab die Regieanweisungen.
„Christian! Du spielst jetzt ein paar Takte von ‚Hollywood‘ an und ihr beide ...“, er meinte Hansi und mich, „stellts euch links und rechts neben ihn. Auch die Mädchen!“
Die Dreharbeiten dauerten etwa eine Stunde und der Nachmittag begann mit der Rückhol-Aktion des Klaviers und einer Besprechung der weiteren Drehtage.

„Morgen drehen wir einige Szenen in der Stadt und dann geht es durch die Savanne nach Malindi und Lamu", verkündete uns Horst beim gemeinsamen Abendessen.
Wir kannten dieses Land nicht und konnten auch mit den Entfernungen nichts anfangen. So waren wir auf seine Aussagen angewiesen. Doch bevor wir die abenteuerliche Reise antraten, gesellte sich noch Peter Türk zu uns. Wir holten ihn am Flughafen in Mombasa ab und er entstieg dem Flugzeug mit einem Cowboyhut und einem roten T-Shirt mit Aufdruck ‚Optik Türk'! Der Empfang war herzlich und als Willkommensgeschenk übergab er uns zwei Stangen ungarische Salami.

Im Hotel angekommen, verteilte er seine Shirts in verschiedenen Farben. An diesem Abend feierten wir, genossen das Land und seine Menschen und ließen unserer Freude über die Freiheit freien Lauf. Fotos am Strand, Lieder beim Lagerfeuer und einheimische Drinks.

Abreise durch die Savanne

Horst Stelzl und Peter Ripl besorgten bei einem Autoverleih zwei safaritaugliche VW-Busse und einen Jeep. Wir beluden sie mit all den Geräten und Kameras, die wir für unser Abenteuer benötigten, auch mit unseren Taschen und Koffern.
Peter und ich fuhren die Busse, Horst den Jeep. In meinem Auto waren wir zu fünft, ebenso viele waren in Peters Bus. Horst und das Kamerateam wollten während der Reise einige Landschafts- und Tieraufnahmen filmen, deshalb brauchten sie den Geländewagen.Um sechs Uhr morgens bestiegen wir halbschlafend unsere Fahrzeuge. Von Mombasa aus fuhren wir zuerst Richtung Tsavo-West, vorbei an den Dörfern der Masais zum Kilimandscharo.
Die Eindrücke waren überwältigend. Elefantenherden und Löwen querten gelassen unseren Weg. Der Garten Eden tat sich vor uns auf. Meine Mitfahrer und auch Herta kamen aus dem Staunen nicht heraus. Noch nie zuvor hatten wir so etwas Eindruckvolles erlebt.
Unsere Busse quälten sich, ständig Staub aufwirbelnd, durch die Schlaglöcher. Links und rechts ein scheinbar friedliches Zusammensein der in Freiheit lebenden Tiere. Der Eindruck war trügerisch. Die abgenagten Kadaver, besetzt von Geiern und wartenden Hyänen, die schreiend versuchten, ihren Teil

abzubekommen, zeigten uns das wahre Leben der Natur.
Auf den Spuren von Ernest Hemingway erkundeten wir dieses Land, das so anders war, wie unser Daheim.
„Die grünen Hügel Afrikas und dazu den Schnee am Kilimandscharo", Horst wollte unbedingt ein paar Szenen im Freien drehen. Er meinte, wir sollten unsere Fahrzeuge unter einem Schatten spendenden Affenbrot-Baum parken. Eine Giraffen-Familie war gerade beschäftigt, ihre Mahlzeit an diesem Platz einzunehmen. Wir fuhren langsam an den Baum heran.
Gestört von unserem Motorengeräusch sprangen die Giraffen nackenschwingend zur Seite und stelzten majestätisch durch das hohe Savannengras, um abwartend, aus sicherer Entfernung, unsere Absichten zu erkunden.
Xandi baute sein Stativ auf, wir warteten vorm Bus und wagten keinen Schritt zu Seite. Die Hitze war zeitweise beinahe unerträglich. Nur wenn leichter Wind die vielen Gerüche der Vegetation zu uns trug, wich unsere Angst. Rund um uns das volle Leben: Brüllen, Schnauben, Brummen, Gezwitscher, Pfeifen.
„Da stellts euch her Burschen!", rief Horst, im tiefen Gras stehend, ungefähr 50 Meter von der Kamera entfernt, uns zu.
Hansi in übertriebener Lautstärke: „Und wenn da ein Löwe liegt?"
„Da ist keiner. Ich steh ja auch da", lachte er.

Herta zupfte mich an der Schulter: „Pass auf, wo du hinsteigst!"
Siegessicher lächelte ich zurück, obwohl ich ein leichtes Kribbeln in der Magengegend verspürte. „Wir machen mit

Robinson and the magic bus

Jedoch Waterloo sieht das ganz anders mit „THE TOP".

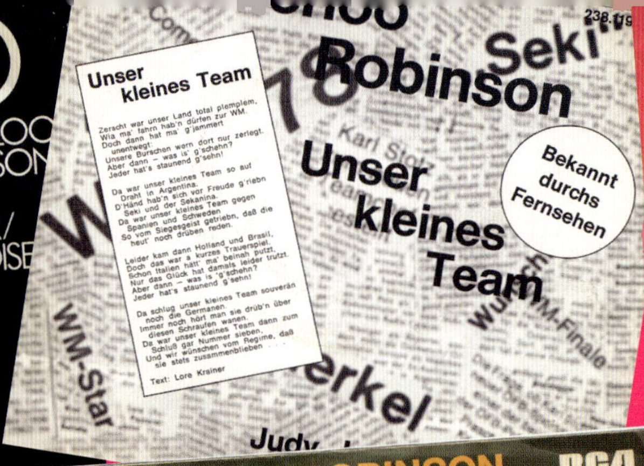

Unser kleines Team

Zerscht war unser Land total plemplem,
Wia ma' fahrn hab'n dürfen zur WM.
Doch dann hat ma' g'jammert
unentwegt:
Unsere Burschen wern dort nur zerlegt.
Aber dann – was is' g'schehn?
Jeder hat's staunend g'sehn!

Da war unser kleines Team so auf
Draht in Argentina.
D'Händ hab'n sich vor Freude g'riebn
Seki und der Sekanina.
Da war unser kleines Team gegen
Spanien und Schweden
So vom Siegesgeist getriebn, daß die
heut' noch drüben reden.

Leider kam dann Holland und Brasil,
Doch das war a kurzes Trauerspiel.
Schon Italien hätt' ma' beinah putzt,
Nur das Glück hat damals leider trutzt.
Aber dann – was is 'g'schehn?
Jeder hat's staunend g'sehn!

Da schlug unser kleines Team souverän
noch die Germanen.
Immer noch hört man sie drüb'n über
diesen Schraufen wanen.
Da war unser kleines Team dann zum
Schluß gar Nummer sieben,
Und wir wünschen vom Regime, daß
sie stets zusammenblieben . . .

Text: Lore Krainer

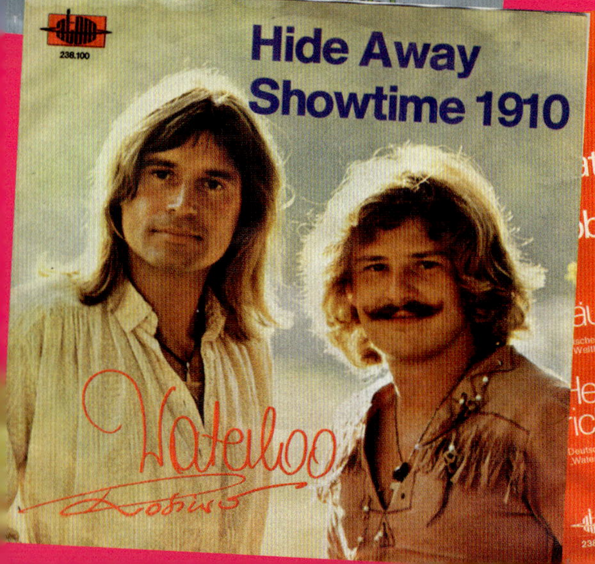

erloo & Robinson
nnst sehen • Junge Liebe
238 007
aterloo & Robinson
HOLLYWOOD
238.500
terloo
binson
BLUE
SAY YES
Waterloo & Robinson
My Little World
Marilyn
Eurovision Song 76
aterloo & Robinson
Old Times Again
Little Boy
Old Times Again | Little Boy

Waterloo & Robinson
GEH' ZU IHR
WIE UNS DER WIND EIN LIED ERZÄHLT
WATERLOO & ROBINSON
Do You Remember Marianne Side 1
Why Butterflies Never Cry Side 2
RCA
PB 5631
mamy
baby hu
HIDE AWAY
SHOWTIME 1910
AUS DER LP 69.065 – „BEAUTIFUL TIME"
PRODUZIERT UND ARRANGIERT VON CRISTIAN KOLONOVITS
Waterloo&Robins
Danke Schön
2 x Gold
für 50 000 Einheiten
Songs.
WATERLOO & ROBINSON
erloo & Robinson
Stille Nacht
oo &
Bethlehem
HOLLYW
LEISE LIEDE
ATERLOO & ROBINSON SONG"

Waterloo & Robinson
MY MY MY
LOVELY LADY IN LOVE
WATERLOO ROBINSON
HOLLYWOOD
ADESSO TU - ICH MUSS DA DU
NUR DU · WINNETOU
GIGOLO · TRÄUM MIT MIR
TRAUM UND WIRKLICHKEIT
MUT UND GEFÜHL
WATERLOO & ROBINSON
MEINE KLEINE WEL
VON LAND ZU LAND
TROTZDEM MAG I DI · LEISE LIEDER
WACH AUF - WART AB
SOLE UND MARE
SING MY SONG
BLEIB BEI MIR
ROBINSON
loo & Robinson
& ROBINSON
feat. PANAH
Waterloo & Robinson
Marilyn
RCA
PB 5993
ROBINSON ISLAND
Hilde
Luft und Liebe

WAS STEHT WATERLOO+ ROBINSON?
*ein hit-Test...
NEUEN NAMEN...
Linz ein! Mehr im Bericht von Peter Hirsch
Das war doppeltes
und Elisabeth Mit
Sie trafen ihre Tra
erstenmal in ihre
Höhe
terloo+
Liebe Freizeit-Freunde
„Erfolg" ist schon eine eigenartige Sache: Ständig wünscht man ihn sich. Und wenn er dann plötzlich da ist, kann man sein Glück kaum begreifen. Uns geht es jedenfalls so. Immerhin machen wir schon seit vier Jahren Musik. Nur: Einen Hit landeten wir nie. Bis
ywood" kam. Fast über Nacht waren wir
em Lied in den österreichischen Hit-
den. Mehr noch: „Hollywood" wurde auch
utschland und in der Schweiz ein Hit.
em überschlagen sich die Ereignisse, und
Terminkalender ist ausgefüllt. Doch
hl wir jetzt weniger Freizeit haben als
r, sind wir unheimlich glücklich. Wir
en Musik, weil sie uns Spaß macht. Und
es einmal ein bißchen arg hektisch
t, ist das auch nicht weiter schlimm. Im
nteil: Als wir vor wenigen Tagen zu
ehaufnahmen in Baden-Baden („Pop'74")
, fanden wir den ganzen Trubel so
ch, daß wir uns gleich hingesetzt und
ied komponiert haben. Für unsere
de in Deutschland. Als kleines „Danke-
" dafür, daß wir uns bei Ihnen wie zu
e fühlen. Übrigens: Im kommenden Jahr
en wir öfter in Deutschland zu Gast sein.
Waterloo & Robinson
WATERLOO & ROBINSON
hit
Streit um die Rollers
W&R helfen Tieren
Mit Smokie auf Österreich-Tour
Horror-Punk
hit-Starwahl: Wer gewinnt die Goldenen Mikrofone
Alles über Kolonovits
Neuer Kinohit: „Krieg der Sterne"
Die Gewinner in dieser Woche:
Martina Koeck (links), Wegscheidgasse 7,
Elisabeth Mitterer (rechts), Keilerstraße, St. Johann/Tirol
hi
Heft 10/Oktober 74
ÖS 10,– DM 1,20 sfr 1,50
erscheint monatlich
P. b. b.
Erscheinungsort: Wien
Verlagspostamt: 1130 Wien
W & R wande
Cat Stevens: Strip auf der
Poster
RIESENPREISRÄTSEL
EELA CRAIG

W & R: ‚Unser Alltag in Fotos'
Linz
Waterloo & Robinson
My Little World
Marilyn
Eurovision Song 76
Waterloo & Robinson
BRAVO-Schaufenster
Eine Talkshow in Bildern
My Little World
Text und Musik: GERHARD HEINZ
Abenteuer in
ans Herz gewachsen»
Spätestens seit seinen vielen Fernsehauftritten («Karussell», «Am laufenden Band», «Hitparade») hat das lustige Gesangsduo «Waterloo & Robinson» auch in der Schweiz eine grosse Freundesgemeinde gewonnen. Die beiden jungen Männer, die in Jeans und mit langer Haartracht auftreten, sind Österreichs begehrtester Musikexport geworden.
«Meine kleine Welt» ist einer der Erfolgstitel des Duos. Und mit «meine kleine Welt» könnte man auch das Privatleben der Herren Johann Kreuzmayr (Waterloo) und Sepp Krassnitzer (Robinson) umschreiben. Beide wohnen am Stadtrand von Linz an der Donau mit ihren Familien, 12 km voneinander getrennt.
Nur ein Tourneebus vor dem Haus an der Stelzhamer Strasse Nr. 18 lässt darauf schliessen, dass hier ein Star wohnt. «Wir sind froh, dass wir hier richtig ausspannen können», meint denn auch Waterloo (34), der hier mit Frau Marianne und der 10jährigen Tochter Michaela im Hause seiner Schwiegereltern wohnt. Die Waterloos, wie man Familie Kreuzmayr in der Nachbarschaft nennt, beherbergen in ihren vier Wänden auch das Büro und die «Werkstatt» des Duos. Marianne Kreuzmayr: «Ich hätte nie geglaubt, dass es so etwas je brauchen würde. Früher, als sie noch unter ‹Hansi und Seppl› erste Auftritte gaben, mussten sie immer drauflegen . . .»
Wenn es bei Waterloo noch Tourneebus, Büro und Übungsraum sind, so erinnert bei Robinson zu Hause überhaupt nichts mehr an den europaweiten Erfolg des Sängers. In der kleinen Mietwohnung ist Robinson wirklich nur noch Sepp Krassnitzer. «Unser ganzer Sonnenschein ist Töchterchen Simone», sagt Ehefrau Herta, die sich glücklich schätzt, bei ihrem Sepp keine Starallüren festzustellen. Nur ein bisschen mehr Autonarr ist er noch geworden. «Ich hab' immer so Angst, wenn er mit dem Porsche über die Autobahnen donnert», gesteht Herta.
Wenn «Waterloo & Robinson» nicht auf Tournee sind, sehen sie sich nicht sehr häufig. «Privat gehören wir unseren Frauen und Kindern», meinen beide übereinstimmend, «klar gibt es ab und zu Familientreffen, doch es reicht schliesslich, wenn wir uns ständig bei der Arbeit sehen. Und unsere Frauen, die sich während unseren Tourneen zusammentun, wollen doch auch einmal andere Gesichter sehen.»
Es stimmt schon, was Fernsehleute und Konzertveranstalter über Waterloo & Robinson sagen: «Von allen Popstars, die wirklich bekannt sind, sind diese beiden am bescheidensten geblieben.»
Bildbericht: Reinhold-Josef Schütz
Das schmucke Gartenhäuschen hat Waterloo für Ehefrau Marianne und Tochter Michaela gebaut.
Robinson wohnt mit seiner Familie in einer kleinen Mietwohnung in Linz. 12 km von Familie Waterl
Waterloo & Robinson:
POP-EXPORT aus Österreich

minolta
presents:
Waterloo & Robinson
ROBINSON
WATERLOO &
ROBINSON
EXCALIBUR
Mehr Privatleben:
Länderbank Privatkonto
JIM BEAM
PRESENTS
WATERLOO & ROBINSON
Waterloo
Lufthansa
Robinson-Island
MINOLTA

euch beiden ein paar Schnellschüsse mit dem Kili im Hintergrund. Ihr fahrts dann weiter. Der Peter hat die Karte, wo ihr abzweigen müsst!"
Hans und ich bewegten uns vorsichtig durch das hohe Gras, während Xandi uns dabei filmte. Es wirkte alles so friedlich, obwohl links und rechts aufgescheuchte Vögel und davonspringende Kleintiere die Stille unterbrachen. Die Giraffen-Familie beobachtete uns gelassen aus sicherer Entfernung. Die mitfahrenden Gäste scharten sich um die beiden Busse und unterhielten sich im Schatten der Bäume.
Nach dem Dreh ging Horst auf Peters Bus zu und breitete die Karte an der Windschutzscheibe aus. Ich stand hinter ihm und lauschte seiner Wegbeschreibung.
„Kommst du nicht mit uns?"
„Wir drehen noch a paar Tierszenen. Das kann länger dauern. Treffpunkt ist am Abend die Serena Lodge."
Horst erklärte Peter eine Abkürzung durch einen Salzsee und meinte, wir würden uns dadurch mindestens 200 Kilometer ersparen. Um diese Jahreszeit wäre der See ausgetrocknet und sicher zu befahren. Wir machten uns auf den Weg.
Ich hielt reichlich Abstand zu Peters Auto, um nicht den aufgewirbelten roten Sand auf die Scheibe zu bekommen. Dann bog er rechts in die endlos scheinende, verkrustet weiße Ebene des Salzsees ein. Wasserbüffel und Geier besiedelten das Gebiet. Überall lagen abgenagte Kadaver.
Die Stimmung in meinem Bus war ausgelassen. Wir sangen und hopsten im Takt bei jeder ausgetrockneten Rille und Furche. Zwei Stunden bereits waren wir auf diesem See unterwegs und am anderen Ufer konnte man schon Bäume ausmachen. Mit Liedern wie ‚Bier her, Bier her oder i fall um', versuchten wir den letzten Teil des trostlosen, uns

durchschüttelnden Landstrichs zu überwinden. Das Abendrot machte sich bemerkbar und warf bizarre Farben in das Glitzern der Oberfläche. Wir freuten uns schon auf ein gemütliches Zusammensein in der Lodge.
Peters Bus stoppte plötzlich. Ich ging auch vom Gas runter. Irgendwie sackte mein Auto nach links ein. Nur jetzt keinen Platten! Aber was war mit Peters Auto? Ich blieb stehen und wir mussten zusehen, wie der Bus nach vorne kippte und langsam zu versinken drohte.
Es war jetzt mucksmäuschenstill in meinem Fahrzeug. Wir beobachteten, was vorne geschah und ob wir eingreifen mussten. Langsam gingen die Bustüren auf und aus der Kipplage des Busses entstiegen vorsichtig seine Insassen. Sie versanken bis zum Knie im Schlamm.

„Alle raus", rüttelte ich meine Begleiter wach. Ich riss die Tür auf und sprang aus dem Wagen, blieb aber im Morast stecken. Meine Stiefel steckten fest und ich versuchte, mich am Bus haltend, mich aus der Zwangslage zu befreien.
Barfüßig, um zumindest meine Stiefel zu retten, stand ich ebenso knietief im aufgeweichten Boden. Die anderen aus meinem Bus hatten noch festen Boden unter den Füßen. Auch ich konnte mich, schlammbedeckt, befreien. Mit den Händen versuchte ich den Morast abzuwischen. Doch wie eine schleimige Masse klebte er an meinen Beinen fest. Es juckte, wie tausend Einstiche von Gelsen.
„Wir müssen unser Auto ins Trockene bringen!"
Alles, was wir an Matten und Fetzen im Auto hatten, legten wir hinter die Reifen und alle helfenden Hände schoben unseren Bus auf trockenes Gelände.
Peters Leute standen abgekämpft und verschmutzt mitsamt

ihrem Gepäck da. Den einen Bus mussten wir aufgeben. Er war zu tief eingesunken.
Am Äquator gibt es keinen Abend. Die Sonne ist weg und die Nacht bricht herein.
Jetzt waren wir zehn Leute im Bus und das zusätzliche Gepäck hängte sich ebenfalls an. Weiterfahren konnten wir nicht, wir mussten umkehren.
Durch tiefe Nacht langsam unseren Spuren folgend, kam ich nach drei anstrengenden Stunden auf die ursprüngliche Route zurück. Wir waren jetzt vierzehn Stunden unterwegs, die Stimmung war am Tiefpunkt.
Vorne saßen wir zu viert und der Rest teilte sich übereinander sitzend im hinteren Bereich auf.
Unsere Vorräte gingen zur Neige und die Stimmen der Fahrgäste wurden immer lauter.
„Hunger, Durst ...!" Was noch schlimmer war: „Ich muss aufs Klo!" Wer wollte im Finstern in der Wildnis aussteigen, um leichte Beute eines Raubtiers zu werden?
Die Straße wurde immer steiniger und ich musste meinen überladenen Transporter am Weg halten. Die Dunkelheit, die Anstrengung und auch die Verantwortung machten mir zu schaffen. Peter hielt unsere Meute mit Witzen bei Laune, aber auch diese gingen bald zu Ende.
„Aus! Die Straß`n is weg! Vor uns gibt es nur mehr Wasser", rief ich verzweifelt.
„Wir müssen durch!"
„Ich steig aus", kam es von hinten.
„Bist blöd?", rief ich zurück.
Eine unserer Mitfahrerinnen, ein Leni-Riefenstahl-Verschnitt, um die 60 Jahre alt, Reporterin mit zehn Kameras in allen Varianten, wollte die Reise mit uns nicht mehr fort-

setzen. Sie bestand darauf, hier auszusteigen. Mitten in der unbekannten, afrikanischen Wildnis!
Ich konnte nicht mehr! Wir stellten ihre Koffer auf die Straße und sie stand abwartend neben unserem Bus. Keiner von uns wusste so recht, ob das richtig war. Peter übernahm das Steuer und als wir zum Durchbruch auf die andere Seite ansetzen wollten, sahen wir die Scheinwerfer eines nachkommenden Fahrzeuges. Ein LKW der keniatischen Armee bremste sich neben uns ein.
Ein kurzes Palaver zwischen unserem ausgesetzten Fahrgast und dem Chauffeur, dann ein bereitwilliges Einsteigmanöver in das mit Soldaten besetzte Fahrzeug. Ein kurzer Wink des afrikanischen Chauffeurs und sie fuhren los.
„Komm, Peter, das können wir auch!"
In diesem Moment dürften wir alle an das Gleiche gedacht haben.
„Jetzt oder nie!"
Mit vollem Schwung durchquerten wir, wegen des aufspritzenden Wassers wie im Blindflug, die Furt.
Erleichtert standen wir am anderen Ufer der überschwemmten Straße und im Kegel des Scheinwerfers konnten wir die Umrisse unserer Fotografin samt Koffer ausmachen.
Gelächter und Erleichterung im Bus. Es war ein Bild für Götter. „Die alte Dame und der Koffer ..."

Schöne Grüße aus Kenia

SCHÖNE GRÜSSE aus Afrika senden Waterloo & Robinson, die derzeit bekanntlich in Kenia einen Fernseh- und Kinofilm, in dem's selbstverständlich viel Musik gibt, drehen. Wie man außerdem sieht, haben W & R auf dem schwarzen Kontinent bereits Fans gefunden. Auch die Familienangehörigen haben im Rahmen des Filmteams Jobs übernommen. Waterloo-Gattin und Managerin Marianne Kreuzmayr zum Beispiel hat die Kassa übernommen. Keine Frage, daß sie da richtig eingesetzt ist. Die Rückkehr des Teams ist für 15. April vorgesehen. **Foto: Türk**

Serena Lodge

Um Mitternacht erreichten wir unser Ziel.
Der Jeep unseres Kamerateams stand direkt vorm Eingang zur Lodge.
Verschmutzt und abgekämpft zwängten sich zehn Leute aus dem Bus. Jeder nahm nur das Notwendigste mit. Wir schleppten uns zur Rezeption, wo uns Horst und sein Kamerateam erwarteten. Wir redeten alle gleichzeitig auf ihn ein.

Es war schön hier. Äffchen schwangen sich vom Gebälk zu unseren Taschen und untersuchten neugierig jeden Reißverschluss und die Schnallen meines Gitarrenkoffers. Der Duft üppiger, blühender Sträucherblüten durchzog den ganzen Bereich der Lodge. Das Personal in bunten Kleidern, mit einem ehrlichen Lächeln im Gesicht, ließ uns die Anstrengung bald vergessen.

Herta und ich wurden von einem Fackel tragenden Massai, der aus Sicherheitsgründen jeden Gast zu seinem Schlafgemach begleiten musste, zu unserem Zimmer gebracht. Kleine, erdfarbene Lehmhütten säumten den Weg und in einer solchen sollten wir übernachten. An den kleinen schwachen Lämpchen neben der Eingangstür tummelten sich tausende Moskitos und Falter in allen Farben.

Ich wollte meinen Schlüssel anstecken, da bemerkte ich im diesem diffusen Licht der Fackel einen Leguan, der sich bequem über die Türschnalle gelegt hatte. Hertas Aufschrei und das Herumspringen unseres Massai mit seiner Fackel hatte einige Gäste aufgeweckt.

„Silence please", kam es aus der Nachbarhütte. Mit einem meiner verdreckten Stiefel, die ich unterm Arm eingeklemmt hatte, versuchte ich das Tier zu verscheuchen. Der Massai konnte das aber viel besser! Die Hütte bestand aus einem Schlafgemach und einer Toilette mit Brause und kleinem Waschbecken. Die auf einem kleinen Abstelltisch liegende Taschenlampe, so unser Begleiter, sollten wir nicht vergessen! Dann verabschiedete er sich in seiner Landessprache. Auf Suaheli!

Wir reinigten uns mit dem spärlich fließenden Wasser und marschierten dann Richtung Restaurant. Die ganze Crew unseres Teams trudelte langsam ein. Der Tag war jedem ins Gesicht geschrieben. Aber Hunger und Durst trieben uns alle zusammen.

Zuerst die Geschichte mit dem versunkenen Bus und dem durch das Wasser versperrten Weg und die Überfuhr unserer Fotografin auf einem Militärfahrzeug und ... und ... und ...!
„Das ist Afrika", sagte Horst gelassen. „Eure ‚Leni', wie ihr sie bezeichnet, hat den Soldaten die Geschichte erzählt und ein Bergeteam wird morgen den Bus aus dem Wasser ziehen und zur Lodge bringen."
Wir atmeten erleichtert auf. Nach einigen Bierchen machten wir uns auf zu unseren Hütten.
Wie durch ein Erdbeben wurden wir morgens aus dem Schlaf gerissen. Ich sprang aus dem Bett und lief zum kleinen vergitterten Fenster.
„Herta, komm, schau dir das an!"
Unsere Gesichter klebten am Gitter.
„Ist das schön!", rief sie entzückt.
Eine Elefantenherde mit ihren Jungen trampelte trompetend an unserer Hütte vorbei.
„Das sind mindestens fünfzig", sagte ich, hellwach geworden.
„Schau, der Kleine da!"
„Wo? Ah da!"
Wir umarmten uns, überwältigt von Glücksgefühlen. Es wurde uns erklärt, dass diese Anlage neben einem ursprünglichen Elefantenpfad erbaut worden war und den Weg der ziehenden Herden nicht störte.
Wir hatten vor, nach Ghedi zu fahren, das liegt auf dem Weg nach Malindi. Bis dorthin hatten wir genug Motive für unseren Film. Um die Mittagszeit wurde unser versunkener Bus vor der Lodge abgeliefert. Schlammbedeckt bis zu den Fenstern.

Ghedi

Nach zwei Stunden in glühender Hitze erreichten wir Ghedi! Es war eine Geisterstadt inmitten der Savanne. Hohe Urwaldbäume und ein fast undurchdringlicher Weg. Ein Paradies für Tiere.
Gesteinsbrocken erinnerten an Bauelemente einer Besiedelung und kleine Quellen durchfluteten das dicht bewachsene Gelände. Ein Zischen, Gezwitscher und undefinierbare Laute durchbrachen die Idylle der Geisteroase.
Wir drehten unseren Film und bewegten uns nach den Anweisungen unseres Regisseurs und des Teams. Wir durften frei zwischen den Ruinen herumtanzen. Es wurde fotografiert und gescherzt. Die Aufnahmen waren einzigartig!

Was wir nicht wussten und auch Horst unser Afrika-Experte nicht: Dieses Gebiet und dieser Ort waren eine Brutstätte der giftigsten Schlangenarten Afrikas. Dies wurde uns bei der Ankunft im Hotel in Malindi von einem einheimischen Reiseleiter mitgeteilt. Stille kehrte ein!
„Wir habens g`schafft“, rief Peter und nuckelte an seinem kühlen Bier an der Bar.
In dieser Bar, beim gemütlichen Zusammensitzen, erinnerte ich mich an den Schlangenbiss in einem Weingarten im Burgenland.

Schlangen

„Stellts euch vor, was mir passiert ist“, ich schaute zu Hansi, „kannst dich noch erinnern?“

„Ja, das war in Österreich wohlgemerkt", sagte er.
Fragende Blicke!
„Nur weil ich die stinkende und dreckige Toilettengarnitur vom Veranstalter des Zeltfests nicht benutzen wollte, hab ich mich halt in den Weingarten verzogen!"
„Na und, was war?", fragten die Herumstehenden neugierig und grinsten.
„Ich mach da grad mein G`schäft, fühl mich ganz erleichtert, schau zum Himmel, beobacht die Sterne, und auf einmal ein Brennen! Genau in der Mitt`n!" Ich zeigte mit dem Finger auf die besagte Stelle.
Gelächter brach los und es wurde gewitzelt.
„Dann bin ich zurück zum Zelt, und hab meine Instrumente aufgebaut."
„Und dann, sag schon," waren einige neugierig.

„Ich hab so ein G`fühl g`habt, als würde mir die Hose platz`n. Mein Hintern ist immer größer word`n. Ich hab das dem Hansi und den Musikern erzählt, aber alle haben sie mich ausgelacht! Auf einmal hab ich plötzlich zum Schwitzen ang`fangen und alles war auf einmal so laut. Er", ich zeigte zu Hans, „hat mir dann vom Bus an Whisky gebracht und in einem Zug war die Flasche leer. Ich hab nix g`spürt, ich hab nur so einen riesigen Durst g`habt.

Irgendwie hab ich beim Auftritt einfach nur mitgspielt, und Gott sei Dank hat keiner im vollbesetzten Zelt etwas davon mitbekommen. Ich hab sogar noch Autogramme gegeben. Allerdings im Stehn!

Im Hotel hab ich nur am Bauch liegend schlafen können, aber vom Einschlafen war sowieso keine Rede. Beim Heimfahrn bin ich im Bus zweieinhalb Stunden nur g`standen!"

„Gut, dass du net so groß bist", warf Hansi verschmitzt lächelnd ein.

„In dem Fall ja", konterte ich, „in Linz, sind wir dann sofort zum Krankenhaus gefahren. Ich bin dann vom diensthabenden Arzt empfangen worden und hab ihm die ganze G`schicht nochmals erzählt. Auch der hat zum Lachen ang`fangen! Nach einer gründlichen Untersuchung hat der Arzt mir dann g`sagt, dass ich an der besagten Stelle zwei Einstiche hätte und dass die von einem Schlangenbiss sein könnten."

Gespannt lauschten meine Zuhörer der Geschichte. „Und was war dann?"

„Er hat mir eine Spritzn verpasst und eine Salbn mitgebn. Mein Vater hat mich vom Spital abgeholt und von meiner Mutter hab ich einen Eichenrinden-Tee für Sitzbäder bekommen ...

Nach drei Tagen war alles wieder in Ordnung. So, das war mein Beitrag zum Thema Schlangen", beendete ich meine Erzählung.

Der Aufenthalt in Malindi dauerte zwei Tage. Wir drehten mit Einheimischen in den Straßen und vor Sehenswürdigkeiten der Stadt.

Mit einem Boot der Urbewohner und Fischer ging es weiter nach Lamu, das war früher eine Gefängnisinsel im Indischen Ozean. Den Rest des Filmes drehten wir zwei Monate später in Tunesien zu Ende.

mit Bürgermeister von Linz Franz Hillinger

Die Premiere unseres Films fand im Linzer Kolosseum-Kino unter tosendem Applaus statt. Mit einem Schlag wurden wir als Schauspieler bezeichnet, obwohl dieser Film als Promotion für unser Album ‚Wild, wild, land' gedacht war. Der

Erfolg ließ sich nicht mehr aufhalten. Die Konzerte wurden mehr und unser Aufwand wurde von Tag zu Tag größer. Internationale Managements boten sich an und sogar eine Show in Las Vegas wurde geplant und vorbereitet. Im Ballettsaal des Linzer Landestheaters mussten wir Tanzschritte und Choreografien üben. Eine mühsame Aufgabe, die jedoch überhaupt nicht meinen persönlichen Vorstellungen vom Showbusiness entsprach.

In dieser Zeit erkrankte meine Mutter schwer und ich war mit meinen Gedanken nicht bei der Sache. Hansi distanzierte sich täglich mehr und schmiedete eigene Pläne, wie ich erst viel später von unserer Plattenfirma erfuhr.

Bereits zum dritten Mal: das Goldene „hit"-Mikrofon

Die interne Stimmung zwischen uns stimmte nicht mehr, es bröckelte und Marianne setzte sogar einen Detektiv auf ihn an. Dieser mischte sich unter die Fans und wurde später ein Freund während unserer Konzertreisen.

Hansis Freundinnen ähnelten seiner Frau Marianne. Sie hatten ähnliche Haare, rote Brillen und den gleichen Lippenstift.

Hans wurde aufbrausend, nicht nur mir gegenüber. Sein Gehabe gegenüber unseren Bandmitgliedern ließ Böses erahnen. Die für mich einschneidende Aussage erfolgte nach einem erfolgreichen Konzert während des Abendessens im Hotel.
„Alles, was du gemacht hast, war a Scheiß."
Ich zuckte zusammen und ebenso die am Tisch sitzenden Musiker unserer Band. Wir wussten in diesem Moment nicht, wie uns geschah. Mit den Händen am Tisch aufgestützt, sah er mich mit stechenden Augen an.
Gelassen und fast erleichtert nach den vielen unausgesprochenen Dingen, die zwischen uns standen, sagte ich ganz ruhig: „Ab heute werde ich keinen Titel und keinen Text mehr für dieses Duo schreiben!"
Zornig setzte er sich nieder und fing zu telefonieren an. Seine Lacher während des Gesprächs gingen mir durch Mark und Bein.

Dass er der Frontmann und Geschichtenerzähler in unserer Band war, war für mich immer völlig in Ordnung gewesen. Ich hatte es sogar begrüßt und ihn immer darin unterstützt. Sein Charakter hatte sich jedoch in unserer gemeinsamen, erfolgreichen Zeit verändert. Zu seinem Nachteil, stellte ich für mich fest. Seine Egozentrik kam immer mehr zum Vorschein.

Die Produktionen, die wir nachher noch miteinander machten - wir waren ja vertraglich gebunden - das waren nicht mehr wirklich „wir". Es war eine Mischung aus aufgesetzter deutscher Schlagermusik, meist ohne Aussagekraft.
Eine gemeinsame Personality-Show in New York war noch ein kleiner Hoffnungsschimmer, aber die persönlichen Diskrepanzen durch sein immer stärker werdendes Ego ließen keine klärenden Gespräche mehr zu.

Am 23. Februar 1980 starb meine Mutter. Ich brauchte Jahre, um diesen Verlust zu überwinden.
Genau ein Jahr später, am 22. Februar 1981, erblickte meine zweite Tochter Nina das Licht der Welt.
Damals kam von meinem Partner die bestürzende Aussage: „Kinder zerstören die Karriere!"
Wir hatten uns auseinander entwickelt. Oder war es das Zerbröckeln seiner Ehe und seine Affären, die ihm zu schaffen machten?

„Feed Back" – Die Neue Begleitband

Marianne hatte in Zusammenarbeit mit der Linzer Konzertdirektion Schröder eine Österreich-Tournee abgeschlossen. 20 Konzerte in großen Sälen mit Band. Es war damals nicht schwer, eine für uns geeignete Musikergruppe zu finden. Wir bekamen fast täglich Anfragen von Profis aus dem In- und

Ausland, die mit uns auf Tour gehen wollten. Wir entschieden uns für eine ortsansässige und bekannte Live-Band aus unserer Umgebung, die Gruppe „Feed Back".
Die neue Begleitband bestand aus hervorragenden Musikern wie Gery Moder, Schlagzeug, seinem Bruder Much Moder, Bass, Tony Ramsl, Gitarre, und Juke (Gerhard Feuchtner), Keyboard. Bei den langen Probeterminen wurde offensichtlich, dass es kriselte. Das zwiespältige Verhältnis zwischen meinem Partner, der Band und mir war nicht zu überspielen. Es wurde herumgenörgelt, blöd gewitzelt und Hansi gebärdete sich als Bandleader. Wir alle wussten vom bevorstehenden Bruch zwischen Marianne und ihm und nahmen daher die Sache nicht ganz so genau.

Wir begannen unsere Tournee im Innsbrucker Kongresshaus. Ausverkauft seit Wochen. Die Fans stürmten die Halle und

wollten unbedingt in unsere Nähe. Diese Euphorie ließ uns das Gezeter der letzten Tage und Wochen etwas vergessen. Ein Lächeln machte sich auf unseren Gesichtern breit und dies wirkte sich auch auf die Performance der Band aus. Ein gelungenes Konzert, eine begeisterte Menge, ein schöner Abend!

So ging es auch bei den nächsten Konzerten weiter und die Band und ich hofften, „er" hätte sich wieder beruhigt! Doch seine ewigen Telefonate bei den Stopps auf den Landstraßen oder Autobahnen machten uns stutzig. Beim vorletzten Konzert, am Hochkönig im Salzburger Land, wussten wir Bescheid. Ein weißer, offener VW-Golf Cabrio stand vor dem Hotel, in dem wir untergebracht waren. Darin saß eine blonde Dame mit aufgesteckten Haaren und extrem starker Schminke. Sie erwartete offensichtlich unsere Ankunft. Der Bus war noch nicht einmal richtig eingeparkt, da sprang Hansi bereits mit einem Satz aus dem Wagen und lief auf sie zu, als würde er sie schon ewig kennen.

Getuschel und Geknutsche! Vorgestellt wurde uns die Dame nicht. Die beiden verschwanden wortlos im Hotel.

Schlagzeuger Gery nahm Hansis Tasche mit aus dem Bus und stellte sie zur Rezeption. Wir bezogen unsere Zimmer, machten uns frisch, und trafen uns im Restaurant. Zwei Tische weiter saßen Hansi und seine blonde Cabrio-Lady. Wir waren für die beiden unsichtbar. Sie würdigten uns keines Blickes.

„Na, ja", dachte ich und meine Augen blieben an den Bandmitgliedern hängen. Gitarrist Tony munterte mich auf und flüsterte: „Wer sind denn die Zwei da drüben? Der Mann schaut aus wie der Waterloo, aber ich kann mich auch täuschen!"

Gelächter brach los und der anschließende stechende Blick meines Partners in meine Richtung traf mich wie ein scharfes Messer. Noch nie vorher hatte ich so einen eiskalten Ausdruck in seinen Augen gesehen. Die anderen waren auch nicht blind. Es wurde still in unserer Runde.
„Kommt Burschen, fahren wir!" Ich musste den Bann brechen.
„Ich komm gleich nach", meldete sich nun doch auch Hansi zu Wort.
Wir luden unsere Utensilien in die Busse und wollten gerade abfahren, da kam Hans mit seiner Cabrio-Lady aus dem Hotel und winkte uns, zu warten.
„Was gibt's?", rief ich aus dem Fenster.
„Ich wollt euch die Uli vorstellen!"

Wir stiegen alle wieder aus und versammelten uns um die beiden. Ein Auto der Feuerwehr bog gerade in den Parkplatz ein und ein spritziger, junger Mann in Uniform und Helm sprang heraus und begrüßte uns. Der Helm und die rosarote Handtasche von Uli animierten mich. Ich borgte mir die beiden Sachen für ein Foto aus.
Der Feuerwehrmann hatte den Auftrag, uns wohlbehalten zum Veranstaltungsort zu lotsen. Es war ein ziemlich heißer Tag. Wir hofften, dass trotzdem genug Leute zum Konzert kommen würden. Hansi und Uli fuhren im offenen Cabrio hinter unseren drei Fahrzeugen her.
„Weißt, was mich wundert?", sagte ich zu Gery, der in meinem Bus mitfuhr und genüsslich an seiner Zigarette zog.
„Was denn?"
„Dass er sich traut, das Mädel in der Öffentlichkeit herzuzeigen!"

„Er ist ja schon ganz fertig vom ewigen Versteckspiel", antwortete er.
Das Thema war hiermit ausreichend besprochen.
„Morgen wird es stressig! In Deutschland ist Ferienbeginn und wir müssen über die Tauern-Autobahn nach Krumpendorf. Wir sollten ziemlich zeitig losfahren."
„Um 10:00 Uhr, nach dem Frühstück, das müsst sich ausgehen", meinte Gery.
Der Feuerwehrwagen bog gerade in das Veranstaltungsgelände ein und hatte Mühe, über den restlos überfüllten Parkplatz zum Hintereingang der Bühne zu gelangen. Einige Autos versperrten die Feuerwehrzufahrt und mussten abgeschleppt werden. Das Fest war schon den ganzen Tag im Gange und dementsprechend betrunken torkelten einige Gäste zwischen den parkenden Autos herum und verrichteten ihre Notdurft.
„Das kann ja ein lustiger Abend werden", murmelte ich.
Nach langem Hin und Her konnten wir unsere Busse endlich vor dem Bühneneingang abstellen. Unser Auftritt war für 22:00 Uhr geplant. Wir erkundeten die Räumlichkeiten und mussten feststellen, dass die Bühne mit Verstärkern und Instrumenten völlig überfüllt war.
Inzwischen war auch Hans eingetroffen, der mit seiner Uli einen freien Parkplatz gesucht hatte.
„Was gibt es?", schmetterte er den vor dem Bühneneingang stehenden Feuerwehrleuten entgegen.
„Schau dir einmal die Bühne an, dann red ma weiter", beruhigte ich ihn.
„Wer ist da zuständig …?", er drängte zu den jungen Leuten in Uniform. Meine Aussage hatte er völlig überhört.
„Wahrscheinlich der Kommandant!", rief ich ihm nach. Die

Mitglieder unserer Band standen diskutierend und abwartend neben den Bussen. Cabrio-Lady Uli gesellte sich zu uns und ihrem Gesichtsausdruck war ein gewisses Unbehagen zu entnehmen. Es dürfte nicht ganz ihre Welt gewesen sein, mit der sie hier konfrontiert wurde.

Ein leicht angeheiterter Kommandant mit einem Bierglas in der Hand kam mit Hans aus dem Bühneneingang. Er erklärte mit einem breiten Grinsen im Gesicht, dass wir von 21:00 bis 22:00 Uhr Zeit hätten, unsere Anlagen aufzubauen. In dieser Stunde wäre die Bühne nur für uns da … außerdem sollten wir uns im hinteren Bühnenbereich der Halle verköstigen lassen.

Dieser sei nur für uns und gleichzeitig auch die Garderobe!

Mit Hilfe der noch nüchternen Freiwilligen bauten wir unsere Anlage auf der inzwischen völlig abgeräumten Bühne auf. Eine Blasmusik-Kapelle, die vor der Bühne Aufstellung genommen hatte, überbrückte mit ihren Märschen die Aufbauzeit. Die in der Halle wartenden Menschen konnten unseren Auftritt kaum noch erwarten. Es fing zu brodeln an. Als Musiker bist du für Stimmungen im Saal empfänglich. Du spürst, wenn etwas in der Luft liegt.

Ein paar eifersüchtige Liebhaber beruhigten lautstark ungeduldige Freundinnen und der Alkohol erledigte den Rest. Einige fielen von den Bänken, andere fanden nicht mehr ins Zelt, wenn sie raus mussten. Mit der Einspielmusik und unserem Erscheinen brach die Hölle los. Mädchen stürmten nach vorne und kreischten. Die Stimmung wurde mehr als ausgelassen. Im hinteren Bereich der Halle war eine Schlägerei im Gange.

Nach zweieinhalb Stunden anstrengender Show verließen wir die Bühne. Wir waren schweißgebadet. Wir hatten unser

Bestes gegeben. Uli saß wartend in der Garderobe und hatte sich ihre Nägel neu lackiert.
Bis alles wiederum verstaut war und wir zurück im Hotel waren, schlug die Uhr drei. Zum Umkippen müde erklärte ich Hans den Grund unserer frühen Abreise am nächsten Morgen.
„Wir treffen uns um 9:00 Uhr zum Frühstück und um 10:00 Uhr ist Abfahrt. OK?"
„Nein! Fahrt ihr voraus und wir kommen nach."
„Um 17:00 Uhr ist Aufbau", meldete ich bereits halb schlafend und schleppte meine Tasche zum Zimmer.

Erste Konzertabsage

Ich hatte meinen Wecker auf 8:30 Uhr gestellt, konnte mich aber nicht sofort überwinden, aus dem Bett zu springen. Die Anstrengungen der letzten Tage machten sich bemerkbar. Noch liegend zog ich den Hörer des Zimmertelefons zu mir und ließ mich von der Rezeption mit meiner Frau verbinden. Herta überschüttete mich mit Fragen, ich konnte vor Übermüdung nur einsilbig antworten.
„ Die Konzerte laufen gut … in 2 Tagen komme ich heim … ich freu mich auf euch …", dann ein wenig ausführlicher: „Hansi hat eine neue Freundin, eine aufgeschminkte Blonde aus Oberösterreich. Ich glaub, in das Mädel ist er ganz verliebt."
„Für mich ist das nichts Neues. Eh wie immer", antwortete Herta.
Gery war mit mir der Erste am Frühstücksbuffet auf der Hotelterrasse. Es war kurz vor 10:00 Uhr. Ebenso wie ich war

er völlig unausgeschlafen. Ein kurzes Nicken zur Begrüßung und dann die Runde zu den Speisen. Nach und nach kamen auch die anderen. Es war 10:30 Uhr, als wir das Hotel verließen. Von Hans und seiner Uli hörten und sahen wir nichts.
„Die werden schon nachkommen!"
„Junges Blut tut gut!"
Wir fuhren los. Im Radio hörten wir von den Staus auf der Tauernautobahn und den Wartezeiten. Einer Polizeistreife fiel unser Drängeln auf. Wir versuchten durch Links- und Rechtsmanöver schneller voranzukommen. Sie hielten uns auf. Nach einer kurzen Erklärung und einigen Autogrammkarten für die Angehörigen lotsten sie uns 40 Kilometer weit mit Blaulicht am Pannenstreifen an der stehenden Kolonne vorbei. Trotz der extremen Hitze und dem schleppenden Verkehr schafften wir es, rechtzeitig, also um 17:00 Uhr, in Krumpendorf zu sein.
Raus aus den Kleidern, ein Sprung in den Wörthersee und dann gemütlich und mit vollem Elan an die Arbeit. So hatten wir uns das vorgestellt. Alle waren anwesend: der Veranstalter, die Helfer und so konnten wir ohne Mühe und Plage in Ruhe unsere Anlage aufbauen. In der Garderobe sorgte eine Catering-Firma für unser leibliches Wohl. Seit Wochen war dieses Konzert ausverkauft. Wir alle freuten uns auf diesen Abend, er sollte der krönende Abschluss einer erfolgreichen Tournee sein.

Die Zeit verging, von Hans keine Spur.
Ohne ihn bauten wir unsere Anlage auf, machten den Soundcheck, markierten die Positionen der Mikros, stellten sein Mikro ein, positionierten die Scheinwerfer und bereiteten alles, was zur Show gehörte, vor.

Gut gelaunt machten wir es uns dann bei Brötchen und Getränken gemütlich. Es gab Bier, Wein, Wasser und Kaffee. Die Laune sank, als es immer später wurde. Allmählich wurden wir alle unruhig.
19:30 Uhr. Hansi stürmte völlig außer Atem in die Garderobe und versuchte zu erklären, unter welchen Umständen er es geschafft hatte, nach Krumpendorf zu kommen.
„Ich will dir nur sagen, um 20:00 Uhr geht das Konzert los. Die Halle ist voll und die Leute interessiert es nicht, wo du g`steckt hast! Oder was du g`macht hast“, antwortete ich schroff.
Er ging an mir vorbei, tänzelte nervös um den Tisch und forderte Toni, unseren Gitarristen, der gerade ein Brötchen zum Mund führte, auf, mit ihm den Soundcheck zu machen.
„Jetzt? Du spinnst! Wir haben eh alles eingestellt. Dein Mikro, die Gitarre. Alles in Ordnung ...“
„Wenn ich sag, ich brauch an Soundcheck, dann brauch ich einen!“
Es brodelte in der Garderobe. Die Gesichter aller Anwesenden erstarrten zu Stein. Soundcheck, während bereits die ersten Konzertbesucher ihre Plätze einnahmen?
„Jetzt beruhigts euch“, schrie ich in den brodelnden Haufen.
„Seid ihr jetzt alle gegen mich?“, fauchte er wütend in meine Richtung.
Seine durch die Fahrt im offenen Cabrio gerötete Stirn wurde noch röter und der Umweg mit seiner neuen Freundin dürfte ihm den letzten Nerv gezogen haben. Anfangs war es noch spaßig, aber als wir merkten, dass er es ernst meinte, eskalierte die Stimmung. Wutentbrannt ging er wieder auf Tony los. Dabei war der doch gar nicht zuständig für die An-

lage! Ich versuchte die anderen zu beruhigen, die sich nun auch schon ins Geschehen einmischten.
Tony rührte sich nicht von der Stelle und ließ die Beschimpfungen auf sich niederprasseln.
Seine gelassene Antwort: „Jetzt dreht er komplett durch … gebt ihm was zum Essen …"

Hans suchte nach irgendetwas. Er ergriff die am Tisch stehende volle Zwei-Liter-Rotweinflasche und schleuderte sie mit voller Wucht in Richtung Tony. Da Gitarristen, und Bandmitglieder sowieso, naturgemäß ein gutes Reaktionsvermögen besitzen, duckte er sich. Die Flasche zerschmetterte an der Wand und ergoss sich in weitem Bogen über unsere Kleidung.
„So nicht", wurde jetzt auch ich wütend, „so nicht!"
Alle anderen stimmten mir zu.
„Das ist ja verrückt, was du da machst!"
Er schimpfte weiter und es wäre müßig, all die kränkenden Worte zu erwähnen, die ausgesprochen wurden. Wir konnten nicht mehr auftreten. Das Konzert wurde „wegen Krankheit eines Bandmitgliedes" abgesagt. Es war das erste Mal, dass wir so etwas tun mussten.
Wie wenn man einen Schalter umgelegt hätte, wurde die Zusammenarbeit zeitweise problematisch. Niemand konnte wissen, wann der nächste Ausbruch folgen würde, wir waren uns nicht mehr sicher.

Unser letzter gemeinsamer TV-Auftritt in Gera

Die Eröffnung einer Konzerthalle! Alles, was Rang und Namen hatte, wurde zu dieser Veranstaltung eingeladen. Von Udo Lindenberg bis Otto Walkes und den Superstars aus dem Osten.
Beim Eintreffen zu den Proben wurden noch Steine verlegt und im ganzen Haus waren Handwerker unterwegs.
„Das kann doch nie und nimmer fertig werden“, sagte ich zu ihm am Weg zur Bühne.
„Aber ja. Die schaffen das, wirst sehn! Mit Hammer und Sichel geht alles“, meinte er lakonisch.
Am Veranstaltungstag war nur noch ein Putztrupp im Hause unterwegs und alles strahlte und glänzte. Ich trug meine Gitarre und die Bühnenbekleidung in die Garderobe und wartete dort auf Hans. Die Generalprobe war für 16:00 Uhr angesetzt, aber er tauchte nicht auf.

Zehn Minuten hatten wir noch Zeit. In meinem Outfit und mit der Gitarre bewegte ich mich Richtung Bühne. Ich schob den Vorhang zur Seite und da saßen sie alle. Presse, Künstler, die Fernsehleute des Senders und Hans. Er kochte wieder einmal sein eigenes Süppchen. Ich konnte es nicht mehr übersehen und wollte nicht mehr darüber hinweggehen.

Mich überkam eine tiefe Ruhe. Ich blickte in diese Runde und mit meinem Satz sprengte ich die Sitzung.
„Das ist heute mein letzter Auftritt mit meinem Partner!“
Mehr brauchte ich nicht zu sagen, die Blicke gingen alle in meine Richtung. Ich stand da, fertig zur Generalprobe, mit meiner Gitarre.

Wie wenn ich in ein Wespennest gestochen hätte, sprangen sie auf und scharten sich um mich. Ich wurde mit Fragen überschüttet. Hans blieb ruhig auf seinem Stuhl sitzen und beobachtete den Tumult der geschockten Reporter.

Als diese sich dann zu ihm wandten, nahm er abrupt eine traurige und gebrochene Haltung ein. Mir wurde bewusst, dass er mir damit den Schwarzen Peter zuschieben wollte.

Ich fühlte mich befreit. Der Auftritt in Gera ging erfolgreich über die Bühne, auch die vertraglich fixierten Termine habe ich noch fertig gespielt.
In diesem Jahr der Auflösung wurde viel Schmutzwäsche gewaschen. Noch dazu stand die Scheidung von seiner Frau Marianne, unserer Managerin, bevor.

In den nachfolgenden Jahren herrschte Funkstille zwischen uns und jeder ging seiner eigenen Wege.

Ein Nachruf mit Folgen!

Fast acht Jahre tingelte ich alleine oder mit Band durch die Gegend und bei jedem meiner Auftritte gab es immer wieder die gleichen Fragen.

„Wie geht's denn deinem Kollegen?“, und „schade, dass ihr nimmer z`sammen seid!“

Ausweichend, ohne jemanden beleidigen zu müssen, versuchte ich den Fragen diplomatisch zu entkommen.

Mein Projekt „Robinson Island“ begann zu fruchten. Meine Bandmitglieder wurden international immer bekannter und die Musikrichtung entsprach meinem Stil. Ich wollte mich

Prominenten Promenade

Ein paar Tage nach seinem Expartner Waterloo hat es auch Robinson alias Sepp Krassnitzer geschafft: Der Linzer unterzeichnete einen Solistenvertrag bei der Firma RCA. Schon in Kürze erscheint die erste Single mit den Titeln „Hilde“ und „Luft und Liebe“. Auch die vorgesehene Langspielplatte soll den Titel „Luft und Liebe“ tragen — gleichermaßen als Signal für die neue Linie Robinsons. Seine künftigen Lieder sollen „Phantasiegeschichten, aber auch Begebenheiten, die gar nicht so sehr an den Haaren herbeigezogen sind — zum Amüsieren und Identifizieren“ erzählen. Seine Plattenaktivitäten möchte Robinson durch zahlreiche Auftritte mit seiner neuen Gruppe Island unterstützen.

ROBINSON mit der Gruppe Island: Jetzt startet auch er eine Plattensolokarriere. Foto: Pflanz

vom Schlagerimage der letzten W&R-Produktionen trennen. Trotzdem musste ich natürlich Hits wie „Baby Blue", „Hollywood" und „My Little World" im Programm haben, das verlangten manche Veranstalter. Wir spielten die Lieder auch, nur ein bisschen anders.

Die Gründung eines eigenen Platten-Labels „RPM Records" mit meinem Freund und Partner Peter Mayerhofer eröffnete mir Wege in das Produktionsgeschäft. Wir gaben jungen Talenten die Möglichkeit, ihr eigenes Produkt zu produzieren und zu vermarkten. In dieser Zeit knüpfte ich viele neue Kontakte. Geschäftspartner aus Wirtschaft, Kunst und Sport waren bereit für innovative Ideen. Wiederum taten sich neue Herausforderungen auf. Endlich konnte ich auch meinen erlernten Beruf, den des Grafikers, wieder einsetzen.

Der Initiator und Besitzer eines großen Fitness-Parks in Linz veranstaltete die
erste Squash-WM. Wir kannten uns aus früheren Tagen und nach einigen Meetings und langen Gesprächen wurde ich als Werbeleiter für dieses internationale Event bestimmt. Es fand zum ersten Mal in Österreich statt. Dabei hatte ich nicht den leisesten Schimmer von Squash. Der Sport war ursprünglich als Freizeitbeschäftigung in amerikanischen Gefängnissen gedacht. Aus Platzmangel wurde in kleinen Räumen gegen die Wand gespielt. Ich musste Plakate, Eintrittskarten und Folder entwerfen. Nächtelang zeichnete und malte ich Entwürfe. Dann die zündende Idee! Gefängnis! Ball! Schläger!
Ich hatte mir inzwischen einige Spiele angesehen und festgestellt, mit welcher Aggression der Squash-Ball gegen die Wand geschleudert werden musste.

Mein Einfall: Ein Komet in Form des Balles, mit Feuerschweif - „geballte Kraft“! Ein Bild nach dem anderen entstand. Ich schloss mich einer Künstlergruppe an und wir machten Vernissagen in ganz Österreich. Mein Bild „Geballte Kraft“ wurde in New York als eines der besten europäischen Sportplakate ausgestellt.

In dieser Zeit wanderte ich immer zwischen zwei Welten. Zwar arbeitete ich im Bereich der bildenden Kunst, aber der Drang, wieder mehr Musik zu machen, wurde immer stärker. Meiner Familie gegenüber wurde ich damals ein Abtrünniger. Ich konnte nicht anders. Wie ein Suchender lief ich stundenlang mit meinem Hund durch den Wald und wollte mich selbst finden.

Ich versuchte mich in allen möglichen Branchen. Machte dies und das. Doch der Gedanke, mich wieder selbst zu produzieren und meine Musik und Texte wieder an die Öffentlichkeit zu transportieren, machten meinen Kopf wieder frei. In meiner Frau und den beiden Töchter fand ich endlich meine Ruhe wieder. Sie gaben mir die Kraft, wieder klar zu denken.
Ich schränkte meinen Freundeskreis ein, setzte mich zu meinen Büchern und fing an, wieder stundenlang zu üben. Es tat mir gut!

Mein letzter Auftritt im Marketingbereich war die Gestaltung einer Cheerleader-Show für den FC Tirol. Tirol stand vor dem Meistertitel. Ernst Happel war damals der Trainer, heute sind Stadien nach dem charismatischen Mann benannt. In Zusammenarbeit mit einer großen Linzer Sporta-

Sänger „Robinson“ geht unter die Brillenoptiker

Linzer Neo-Unternehmer wandelt auf fremden Wegen

LINZ (Volksblatt-mh) — Der Linzer Barde Hansi Krassnitzer, „Robinson“ des Sängerduos „Waterloo & Robinson“, macht jetzt auch als Geschäftsmann von sich reden: Auf dem Linzer Hauptplatz, nahe dem Quelle-Kaufhaus, eröffnete er gestern mit Kompagnon Erwin Rappan das Brillenfachgeschäft R-Exklusiv-Optik. Aus dem Hintergrund tönt aber keineswegs Musik von „Waterloo & Robinson“, Krassnitzer dürfte also nicht sehr von einer verkaufsfördernden Wirkung seiner Songs überzeugt sein ...

Schon ein halbes Jahr waren Krassnitzer und Freunde bemüht, Atmosphäre in das Hauptplatzlokal zu bringen. Was sie offensichtlich geschafft haben, denn die Eröffnungsgäste, darunter Stadtrat Arthur Kuttenberg, äußerten sich sehr positiv über das Werk. Man sieht aber auch überall die Handschrift des gelernten Graphikers Krassnitzer, der für das Design verantwortlich ist. In dem Geschäft sind nicht nur modische Brillen (die Typenpalette spannt sich von Silhouette bis Dior) erhältlich, sondern es wird auch qualifizierte Beratung geboten. Auch Sehtests und Schärfeeinstellungen werden gemacht. Die Betreuung der Kunden führen eine geschulte Optikerin und Robinson-Ehefrau Herta Krassnitzer durch.

Foto: Volksblatt/Haun

Prosten auf eine gute geschäftliche Zukunft an: Die Kompagnons Erwin Rappan (rechts) und „Robinson“ Hansi Krassnitzer.

gentur organisierte ich die Shows für die Zeit vor dem Spiel und während der Halbzeit-Pause. Ich engagierte zwanzig Mädchen aus dem Innsbrucker Landestheater. Der Ballettmeister der Truppe choreografierte den Cheerleader-Auftritt nach meinem Lied

„FC vor, Schuss und Tor“.

Die Ballettmädchen tanzten zu meiner Melodie über das gesamte Spielfeld. Ein ganzes Monat lang pendelte ich zwischen Linz und Innsbruck, die Proben hatten es in sich.

Tirol wurde Meister! Die Show ein großer Erfolg.

Für die Weltmeisterschaft in Italien produzierte ich gemeinsam mit meinem Partner Peter Mayerhofer noch ein Lied. VIVA ITALIA hieß es und meine Tochter Simone war in die Präsentation eingebunden. Sie hatte mit fünf weiteren Mädchen im Moulin Rouge in Wien einen Cheerleader-Auftritt. Eine Fernsehgeschichte im ORF war die Folge. Meine spontanen Aktionen rüttelten etliche Veranstalter und Organisatoren wach. Kulturvereine und Möchtegern-Veranstalter wollten plötzlich mit mir zusammenarbeiten. Für manche Aktion ließ ich mich auch breitschlagen und musste dafür mein Lehrgeld zahlen.

Peter Fuchs, ein langjähriger Freund mit intakter Familie und Kenner meines Lebens war einer von vielen Leuten, die mich auf einmal darauf ansprachen, ein Revival-Konzert mit Hansi „Waterloo" zu veranstalten. Mein Kulturverein hatte die gleiche Idee.

Von anderer Seite wurde ich davor gewarnt, eine solche Entscheidung so spontan zu treffen.
Der Kontakt zwischen Johann Kreuzmayr und mir war völlig abgerissen und ich hatte überhaupt keine Ambitionen gezeigt, ihn wieder herzustellen. Zu viel war geschehen. Und doch gab ich dem Druck der Öffentlichkeit nach und ließ am Projekt „Revival" arbeiten.

Konzertveranstaltung In Linz Jahrmarktgelände

Der Kulturverein „Linz Aktiv" war Veranstalter des ersten gemeinsamen Auftritts nach der Trennung. Das Zelt war zwar nicht ganz voll, aber die Stimmung der Anwesenden war gut. Die Leute wirkten neugierig. Obmann Heinz Dallinger und seine Crew bemühten sich um eine reibungslose Show.
Eine halbe Stunde vor dem Auftritt erschien „Waterloo" mit Leuten, die ich nicht kannte. Er gebärdete sich wie ein Superstar. Seine erste Frage war: „Von wem bekomme ich die Gage?", es war für mich wie ein Stoß ins Herz.
Ein kurzes Hallo zu mir und ein Erkundungsrundgang seiner Leute durch das Zelt, ob alles für einen Auftritt mit Herrn „Waterloo" in Ordnung sei, ließ mich nichts Gutes ahnen. Dass er sich noch mehr geändert hatte, war mir bewusst. Aber dass er mit so einer Selbstsicherheit sein Ego vor den Veranstaltern und mir ausspielte, war für mich Neuland. Ich hatte geahnt, dass er nicht mit Journalisten rechnete. Ich aber hatte einige eingeladen, die auch gekommen waren. Er konnte ihren Fragen nicht ausweichen.

Das Publikum erlebte einen schönen Abend, doch für mich ging der ehrlich gemeinte Versöhnungsversuch in die Hose. Es war der erste Versuch, den uns gut gesinnten Freunden und Fans eine Wiedervereinigung anzubieten.

Sisi

Hans Kreuzmayers zweite Frau war im Prinzip der Grund, doch wieder weiter zu machen.
Sie lud mich zu einem Gespräch ein und versuchte, einen Konsens zwischen uns beiden zu finden. Das hatte natürlich einen Grund. Sie erhielt etliche Anfragen von Veranstaltern, die nur uns beide gemeinsam für einen Auftritt haben wollten.
Ich kannte Sisi von früher. Sie war als Kind mit ihren Eltern in unseren Konzerten gesessen und damals schon ein großer Fan. Jetzt war sie Waterloos neue Lebenspartnerin.
Drei Kinder hatte er mit ihr gezeugt! Mir aber damals vorgeworfen, Kinder würden die Karriere zerstören! Diese Aussage klingt heute noch in meinen Ohren.
Ich stimmte einer Zusammenarbeit nur unter der Voraussetzung zu, auch meine eigenen Songs im Programm zu spielen. Bei selbstgemachtem Kuchen und Kaffee wurde die Vereinbarung besiegelt. Sisis sympathische Art und freundliche Gesten wie auch der herzliche Umgang mit ihren Kindern ließ mich zum Entschluss kommen, doch wieder einzusteigen.
Während dieser Gespräche war von Hans nicht viel zu sehen. Er werkte irgendwo im Garten herum und fragte sporadisch nach, wie weit wir schon seien. Meine Idee, in Zusammen-

arbeit mit dem Kulturverein eine Tournee zu starten, machte ihn plötzlich hellhörig. Er setzte sich zu uns und sprudelte Vorschläge heraus, wie es klappen könnte.
„Kleinere Säle, Gemeinden und … und … und …!"
Dieser Vorschlag kostete mich insgesamt 100.000 Schilling, die er von mir später über einen Anwalt einklagte. Unser Publikum glaubte nicht mehr an uns. Es war zu viel geschleudert worden.

Die von mir besetzten Termine für solche Veranstaltungen stellten er und Sisi mir in Rechnung. Peter Fuchs hatte mich zwar vor solchen Aktionen gewarnt, aber immer wieder an uns geglaubt. Ich war viel zu „blauäugig" und vertrauensvoll eingestiegen und nun mit meinem Latein am Ende. Die Vereinbarung für gemeinsame Auftritte war gültig. Und so stotterte ich meine Schulden bei meinem Partner von einem zum anderen Auftritt ab. Es machte ihm sichtlich Spaß, mich so unter Druck zu haben!

Peter Fuchs kam aufgrund der Vorkommnisse auf die glorreiche Idee, gemeinsam Rechtswissenschaften an der Linzer Uni zu studieren.
„Warum nicht?", dachte ich mir und überzeugte auch meinen Bruder Max von dieser Idee.
Wir machten die Aufnahmeprüfung und inskribierten zum Vorbereitungslehrgang für Rechtswissenschaften. In dieser Zeit baute ich mir einen neuen Freundeskreis auf. Rudi Keplinger war dabei, seinerzeit Musiker und Polizist, heute Doktor Rudolf Keplinger, Polizeijurist in der Linzer Sicherheitsdirektion und viele andere, mit denen ich damals meine Zeit im Hörsaal verbrachte. Ich produzierte mit ihm eine

Single mit einem Lied aus meiner Feder: „BAU DI AUF". Das war der Anstoß, mein Selbstwertgefühl zurückzugewinnen.

Mit Martin Seimen produzierte ich das deutsche Album „Von Land zu Land" mit zwölf selbstgeschriebenen Titeln. Er stellte für mich eine neue Begleitband zusammen, in der er als Keyboarder und Bandleader fungierte.
Ein guter Freund aus besseren Zeiten, Herbert Kefeder, Promotor und Produzent aus Wien, mit dem wir 1982 einen Titel zur Fußball-Weltmeisterschaft in Spanien produziert und den Song „Barcelona" auch dort präsentiert hatten, meldete sich nach fast zehn Jahren wieder.
Er wollte mit Hans und mir ein neues Album produzieren, an dem auch Christian Kolonovits mitarbeiten würde. Er hätte auch schon ein Gespräch mit Hans geführt und dieser stünde einem solchen Projekt nicht abgeneigt gegenüber. Beteuerte er mir.

Ich war ein gebranntes Kind und ging an solche Vorschläge nun vorsichtiger heran. Aber natürlich konnte man mich mit einigen Vorschlägen ködern. Das Album in Zusammenarbeit mit Martin Seimen in dessen Studio aufzunehmen, war einer davon. Weiters bot er eine „Nivea Sommertour" mit dreißig Veranstaltungen in ganz Österreich an. Solo-Auftritte wurden mir zugesagt. Ein neues Album aufzunehmen hätte er schon mit Christian Kolonovits besprochen. Das Geld konnte ich gut gebrauchen und seine Idee klang glaubwürdig.
Und so kamen wir beide uns wieder näher.
Wir produzierten das Album „Power Time" und eine Maxi CD „Write On". Doch der Stil dieser Aufnahmen war nicht unserer. Ich wollte auch keinen Einfluss darauf nehmen.

Die interne Stimmung zwischen uns beiden war abgekühlt. Und der Sound der eigenen Lieder fehlte.

Inzwischen trennte sich Hans von seiner zweiten Frau Sisi und hinterließ drei Kinder.
Bei einem der immer seltener werdenden gemeinsamen Auftritte lernte ich im Wiener Rathaus die Geschäftsleitung einer noch jungen Firma, die im Grenzgebiet zwischen Österreich und Tschechien eine Duty-Free-Firma betrieb, kennen. Diese promotete bei dieser Veranstaltung den Energy Drink „Excalibur".
Ich vereinbarte einen Termin in Klein Haugsdorf. (Excalibur City). Dort lernte ich den noch jungen Inhaber und Besitzer eines wachsenden Imperiums kennen. Ronald Soinig. Wir waren uns bald einig und vereinbarten einen Sponsoring-Vertrag. Die ganze Anlage glich einer Festung aus dem Mittelalter im Niemandsland der beiden Staaten, nur neu erbaut. Das ganze Team rund um seine Person strahlte Zuversicht aus und man sah überall nur freundliche Gesichter.
Als Einstieg wurden mit mir eine Maxi CD „Take my Harley" - Produzent Rupert Hofmann - und einige Konzerte in der City vereinbart. Der Höhepunkt war ein Open-Air-Konzert mit achtzig Musikern des Wiener Symphonie Orchesters. Zusammen mit Weltstars wie Bobby Kimball von TOTO (USA) und dem Sänger von Thyn Lizzi, Darren Wharton (GB), sowie den Solisten der Cliff-Richard-Band präsentierte ich den Song zum geplanten Musical „Excalibur" vor 10.000 Zusehern.

In Linz lernte ich Donald Duncan kennen, einen Musiker, der unplugged in Lokalen auftrat. Der gebürtige Pakistani mit schottischer Abstammung fiel mir durch seine sanfte Stimme und Gitarrenbegleitung sofort auf. Wir lernten uns besser kennen und gingen auf „Unplugged Tour". Wir spielten Lieder von Simon & Garfunkel und auch viele eigene. Es machte Spaß, live und ohne Verstärker aufzutreten!

Ronald Soinig war der nächste, der uns beide (W&R) wieder zusammen bringen wollte, da er wusste, dass wir noch einige Konzerte gemeinsam spielten. So auch eines im Salon der Westernstadt „No Name City" in Wöllersdorf in Niederösterreich.

Hans hatte sich ein kleines Haus in der Nähe von Bad Wimsbach in Oberösterreich gemietet und lebte dort seit seiner Scheidung mehr oder weniger alleine. Bis eine junge Südtirolerin sein Herz eroberte und einzog. Sie begleitete uns bei manchen Auftritten. Bald folgten Unstimmigkeiten und die große Liebe zerbrach abermals.
Bei einem Auftritt in Südtirol trafen wir sie nochmals in Begleitung eines Hundes. Diesen überließ sie Hans als Erinnerung und „Axel", so der Name des Hundes, wurde anstelle von ihr zum ständigen Wegbegleiter.

Durch Roni Soinig und dessen Management bekamen wir die Möglichkeit, unsere Fotoshootings und Videos zum bevorstehenden Album „Hollywood" in Amerika zu produzieren. Ein Team von Fotografen und Visagisten sowie Martin Seimen, der für diese Produktion verantwortlich war, reisten nach Los Angeles. Auch einige „Anhängsel", die unbedingt dabei sein wollten, schlossen sich an. Wir drehten in Hollywood, besuchten einige historische Filmstätten und

besuchten österreichische Freunde, die in dieser Stadt ihre Karrieren aufgebaut hatten.
Krankheitsbedingt konnte ein Treffen mit Arnold Schwarzenegger nicht stattfinden. Es gab daher nur einen telefonischen Willkommensgruß.
Wir drehten und fotografierten bei 40 Grad Hitze in der Wüste von Nevada, mieteten uns zwei Harley Davidsons und fuhren mit dem ganzen Tross auf der legendären Route 66 Richtung Las Vegas. Tagsüber war die Hitze fast unerträglich. Als die Sonne sich neigte, wurde es plötzlich eisig kalt. Ohne Handschuhe war es kaum auszuhalten. Mit über die Hände gestülpten Plastiksäcken erreichten wir spätabends Las Vegas. Die Lobby unseres Hotels war vollgestopft mit Spielautomaten. Überall blitzte und funkelte es. Jeder dieser Automaten war besetzt und auf den Lederbänken neben den Automaten warteten schon die nächsten Verlierer.
Einen solchen trafen wir beim Verlassen des Hotels auf der Treppe sitzend und bitterlich weinend.
Wir klopften vorsichtig auf seine Schulter und er blickte uns tränenüberströmt an. Seine Ranch, seinen ganzen Besitz hatte er in dieser Nacht verspielt. Mich schauderte! Er winkte uns, weiter zu gehen. Die nächsten Minuten sagte keiner von uns ein Wort.
Der Lärmpegel dieser Stadt war gigantisch. Eine solche Verschwendung von Strom hatte ich noch nie gesehen. Nun, Tokio oder New York waren auch nicht ohne, aber das hier übertraf alles.
Die nächsten zwei Tage gehörten uns. Ein Konzert der Rolling Stones war groß angekündigt, aber seit Monaten ausverkauft. Ein Bummel durch das Nachtleben, ein kleines Bier und ab ins Bett. Wir gaben unsere Harleys ab und fuhren mit

dem Van nach Los Angeles zurück. Wir hatten noch einen Produktionstermin bei Ruth Mc Cartney, der Stiefschwester von Paul Mc
Cartney. Sie war mit einem Hamburger verheiratet und hatte ein kleines Studio an der Stadtgrenze, mit Blick aufs Meer.

Das Album „Hollywood" wurde vom Produzenten-Team Seimen und Moder mit internationalen Musikern und Chorsängerinnen fertig gestellt. Unsere weiteren gemeinsamen musikalischen Reisen führten uns in die Türkei, nach Griechenland, Spanien, Mexiko, Sri Lanka und mehrere Male nach Kenia in Ostafrika.

Der Linzer Promotor und Manager Georg Danter brachte uns sogar nach Luxor (Ägypten), wo wir am Dach des Hilton International ein Konzert mit einer einheimischen Band spielten.
Für ein kulinarisches Kulturaustausch-Programm organisierte er in Gran Canaria eine Veranstaltung, bei der mich Donald Duncan als Musiker und Freund begleitete. Auch nach Kemer (Türkei) zur Veranstaltung des Linzer Sport und Fitness-Gurus Peter Papula.

Mutation eines Österreichers

Hans glaubte inzwischen fest daran, in seinem früheren Leben ein Indianer gewesen zu sein. Eine gewisse Ähnlichkeit mit dem französischen Schauspieler Pierre Brice, der als Winnetou-Darsteller in zahlreichen Karl-May-Filmen auftrat, war da. Er nahm also ein Engagement als Winnetou bei

den Karl-May-Festspielen in Winzendorf in Niederösterreich.
Die Ähnlichkeit im Kostüm war verblüffend, hatte aber mit einem echten Sioux oder Apachen nichts zu tun. Dazu hatte er zu viele Haare auf der Brust. Von da an lebte er seinen Indianer-Kult so richtig aus. Auch seine Sprache änderte sich.
Im Lokal: „Waterloo haben Hunger!"
Der Begüßungs-Akt: Zeige- und Mittelfinger von der Brust aus nach vorne zeigend. So ging es die ganze Zeit. Auch seine Musiker hatte er damit infiziert. Und seine Produktionen beinhalteten indianische Angriffs-Jodler.
An den heiligen Stätten in Winzendorf lernte er seine dritte Squaw Andrea kennen, als er mich zur Premiere einlud. Ich war mir nicht sicher, ob das gespielte Gemetzel und das Durchjagen der Pferde auf engstem Raum noch jugendfrei wäre. Die schlechte Tonanlage vereitelte ohnehin jeden Dialog. Auch ohne indianisch geschultes Auge konnte man Freund und Feind sofort erkennen.
Die indianische Hochzeit von Hans und Andrea fand im Schloß Orth am Traunsee unter Aufsicht eines echten Apachen-Häuptlings statt. Dieser lebt zur Zeit mit einer Österreicherin in Wien und dürfte sich da sehr wohl fühlen.
Unsere gemeinsamen Auftritte beschränkten sich ab sofort auf Lokalitäten wie Gärtnereien, Fliesen- und Steinmetzfirmen, Tischlereien und Erzeuger für Fertighäuser. Meine Gage für einen Auftritt in einer Gärtnerei war eine Japanische Weide.
Wir unternahmen auch noch einige musikalische Kreuzfahrten durch das Mittelmeer, in die Karibik und nach London. Bei dieser begleiteten uns der britische Sänger und Musiker Mungo Jerry sowie der Komponist Hans Bouwens

(George Baker Selection), der unseren ersten internationalen Hit (1973) „Baby Blue" geschrieben hat.

Bei einer Reise von Genua nach Tunesien lernte ich meine jetzigen Freunde Jörg Reist und später auch seine sympathische und lebenslustige Lebensgefährtin Niki kennen. Auch Richard Lachnit, einen Geschäftsmann und Weinkenner aus Wien.
Mit ihm kreierte ich eine Weinkollektion mit meinen Bildern als Etiketten. Bei dieser Kreuzfahrt konnte mich meine Frau Herta nicht begleiten, dafür meine Tochter Nina. Auch mein Vater war bei einer von Radio Oberösterreich organisierten Kreuzfahrt nach Istanbul mit an Bord.

Bei einer Einladung im Hause Reist, in dem der Hausherr für seine Kochkünste berühmt ist und die Hausfrau für ihre Nachspeisen, wurden Herta und ich Wolfgang Schoder und seiner Frau Burgi vorgestellt. Da wir beide in der Zwischenzeit der Gruppe 50+ angehörten, war Gesprächsstoff bald gefunden.
„Kannst dich noch erinnern?"
Wir schlossen bald Freundschaft und Jörg, auch Hobbymusiker und Gitarrist mit einer eindrucksvollen Sammlung an Gitarren, diskutierte als Kenner alter Zeiten fleißig mit.
Gegeneinladungen vertieften unsere Freundschaften. Mit Wolfgangs musikalischen Freunden standen wir bald gemeinsam auf der Bühne und auch Jörg würgte seine Gitarre bei einigen Auftritten professionell zur Musik. Die Krönung war ein Fernsehauftritt im ORF bei Peter Rapp in der Brieflos-Show. Waterloo wurde in dieser Zeit Dancing Star in der ORF-Serie ...

Mit Thomas Berger, einem hervorragenden Musiker und Arrangeur, produzierte ich einige Songs zur Kulturhauptstadt „Linz 09" und trat dort mit meiner Band auf verschiedenen Plätzen der Stadt auf.
Mit dem Salzburger Produzenten-Team Jack Fruno und Edgar Pelz wurden zwei Alben hergestellt und meine Auftritte verlagerten sich vermehrt in dieses Bundesland. Wolfgang Schoder und ich erarbeiten zur Zeit in seinem Studio in Bruckbach/Sonntagberg ein neues Album und hoffen, damit den Fans und Freunden noch jahrelang Freude zu bereiten.

Als Großvater auf den Brettern der Welt zu stehen, mit einer intakten Familie im Rücken, Herz, was willst du mehr!

Daher Dank an:
Monika Fortmüller – Fanclubleiterin Wien
Walter Witzany – Projekt „ALALAY", Moderator ORF OÖ und Cecilia Baldivieso de Witzany
das Team des ORF und der Presse
Charly Gruber – Technik und DJ – Salzburg
Karl Weinberger – Kontakter mit Freundeskreis
Günter Sladek – Autogrammkarten-Sammlung

Ein Dankeschön an alle!

An meinen Partner Hans und an Marianne Kreuzmayr mit Tochter Michaela, an meine Frau Herta, unsere beiden Kindern Simone und Nina, meine Eltern und Schwiegereltern, meine ganze Familie.

An die vielen Musiker, Komponisten, Texter und Produzenten, mit denen ich zusammenarbeiten durfte. An die Damen und Herren der Presse und der Plattenfirmen. An die Fotografen, die Radio- und Fernsehleute, die Moderatoren und an den ganzen Stab von Helfern.

Vor allem aber ein Dank den „Fans", die mich bis heute begleiten und mir die Treue halten.

Das Schindluder

Tu dies, tu das
oder willst du`s nicht?
Na wart; ich werd`s dir zeigen!
Musst immer an der Spitze bleiben,
fällst du zurück, hab ich die Peitsche,
die dich treibt zum eignen Glück.
Klingt irgendwie „verrückt“.

Sepp Krassnitzer - ROBINSON

TEATRO ALLA SCALA
CAVALLERIA RUSTICANA
I PAGLIACCI
DIE VERKAUFTE BRAUT
BENNY GOODMAN

Takamine

WATERLOO + ROBINSON
African Safari Club
KENYA ERLEBEN